ERSTER TRAUM

NEUE SUBJEKTILE

Herausgegeben von

Marcus Coelen, Johannes Kleinbeck und Oliver Precht

SOR JUANA INÉS DE LA CRUZ

Erster Traum

Aus dem mexikanischen Spanisch und mit einem
Nachwort von Nora Zapf

Vorwort von Johannes Kleinbeck und Oliver Precht

Spanisch / Deutsch

TURIA + KANT
WIEN-BERLIN

Bibliografische Information der Deutschen Nationalbibliothek

Die Deutsche Bibliothek verzeichnet diese Publikation in der Deutschen Nationalbibliografie; detaillierte bibliografische Daten sind im Internet über http://dnb.ddb.de abrufbar.

Bibliographic Information published by Die Deutsche Nationalbibliothek
The Deutsche Bibliothek lists this publication in the Deutsche Nationalbibliografie; detailed bibliographic data are available on the Internet at http://dnb.ddb.de.

ISBN 978-3-98514-062-6

VERLAG TURIA + KANT

A-1020 Wien, Leopoldsgasse 14
Büro Berlin: D-10827 Berlin, Crellestraße 14
info@turia.at | www.turia.at

Inhalt

Tropischer Barock
Sor Juanas *Erster Traum*

Am Fuße des Vulkans Popocatépetl ist Sor Juana Inés de la Cruz im Jahr 1648 in San Miguel Nepantla geboren.[1] Mit ihrer eruptiven Sprachgewalt, mit ihrem sprühenden Geist und ihrer brennenden Leidenschaft für das Wissen, für seine Wurzeln und Grenzen hat sie sich nicht nur – wie der im *Ersten Traum* erwähnte Vulkan, jener »hochmütigste aller Riesen auf Erden« – gegen den Himmel, sondern auch gegen die kirchliche Obrigkeit gestemmt. Sie hat ein literarisches Massiv hervorgebracht, das seit 250 Jahren Nährboden, Flora, Fauna und Klima für Autor_innen nicht nur des amerikanische Doppelkontinents bereitet.

Juana Inés wächst bei ihrer Mutter Isabel Ramiréz de Santillana auf. Auch wenn ihre Mutter Analphabetin ist, erfasst Juana Inés schon bald ein unstillbarer »Wissensdurst«.[2] Seit Kindheitstagen spricht sie nicht nur Spanisch, sondern auch die Aztekensprache Nahuatl, lernt Latein und vertieft sich weitgehend autodidaktisch in die großen Fragen der Physik, Astronomie, Rhetorik, Philosophie und

---

1 Für einen hilfreichen Überblick über die Lebensdaten von Sor Juana, über ihre bisherigen spanischsprachigen Ausgaben, ihre Übersetzungen und die Sekundärliteratur vgl. Susanne Lange u. Gerhard Poppenberg, »Sor Juana Inés de la Cruz«, in: Martin von Koppenfels u. Johanna Schumm (Hg.), *Spanische und hispanoamerikanische Lyrik*, Bd. 2: *Von Luis de Góngora bis Rosalía de Castro*, München: C.H. Beck 2022, S. 547–550. Für einen Überblick über den gegenwärtigen Stand der Sor Juana-Forschung vgl. Bergmann u. Stacey Schlau (Hg.), *The Routledge Research Companion to the Works of Sor Juana Inés de la Cruz*, London/New York: Routledge 2017.

2 Sor Juana Inés de la Cruz, »Antwort an Sor Filotea de la Cruz«, in: dies., *Erster Traum*, mit einem Vorwort v. Octavio Paz, übers. v. Fritz Vogelsang, München: Insel 1993, S. 97–159, hier: S. 102.

Theologie. Auch wenn sie davon spricht, in Männerkleidung die Universität zu besuchen,[3] bleiben ihr die höheren Schulen als Frau verwehrt.[4] Ihr »Lehrer« konnte deshalb nur, so schreibt sie rückblickend über ihre ehrgeizigen Studienjahre, »ein stummes Buch«, ihr »Mitschüler« nur ein »fühlloses Tintenfass« sein.[5] Dafür wird sie aber schon bald die beiden anderen großen Institutionen von innen kennenlernen, von denen das Neuspanien des 17. Jahrhunderts geprägt ist (nämlich Hof und Kirche).

Als 16-jährige wird sie an den Hof des Vizekönigs Marqués de Mancera geschickt. Aufgrund der großen Entfernung zum königlichen Hof in Madrid entsendet die spanische Krone Vizekönige in ihre lateinamerikanischen Verwaltungsgebiete, die dort auf beschränkte Zeit die Regierungsgeschäfte übernehmen. Neuspanien ist eine typische Hofgesellschaft: Die Umgangsformen, Festivitäten und ästhetischen wie literarischen Vorlieben, die am Hof der Vizekönige gepflegt werden, sind stilbildend für die neuspanische Gesellschaft. Als Gesellschaftsdame der Marquesa de Mancera lernt Juana Inés bald, sich auf diesem weltläufigen Parkett zu bewegen. Ihr diplomatisches Geschick, vor allem aber ihre erstaunliche Gelehrtheit machen sie schnell zu einer Attraktion inmitten des höfischen Treibens: In seiner Bewunderung für die junge Hofdame soll der Vizekönig einmal mehr als vierzig Gelehrte der unterschiedlichsten Disziplinen in den Palast gerufen haben, um ihr Wissen zu prüfen: »Wie eine königliche Galeere [...] sich gegen Angriffe verteidigt«, so erzählt man sich später im Ton

3 Ebd., S. 109.

4 Vgl. Stephanie Kirk, »The gendering of knowledge in New Spain. Enclosure, women's education, and writing«, in: Emilie L. Bergmann u. Stacey Schlau (Hg.), *The Routledge Research Companion to the Works of Sor Juana Inés de la Cruz*, London/New York: Routledge 2017, S. 23–30.

5 Sor Juana, »Antwort an Sor Filotea de La Cruz«, S. 117f.

einer Legende, in der die Erzählung vom Jesusknaben im Tempel vor den Gelehrten anzuklingen scheint, »schlug Juana Inés die Fragen, Argumente und Entgegnungen zurück, die sie alle, jeder aus seiner Disziplin, ihr vorlegten«.[6]

Aus »totaler Abneigung gegen die Ehe«,[7] so erläutert sie später selbst ihre folgenreiche Entscheidung, legt Juana Inés am 24. Februar 1669 das Ordensgelübde ab. Der Eintritt in das südlich der Hauptstadt gelegene Convento de San Jerómino, für das sie zeitweise die Ämter der Archivarin und der Schatzmeisterin übernimmt, bedeutet jedoch keineswegs den Rückzug in eine klösterliche Abgeschiedenheit: Im Sprechsaal des Klosters sind Besuche von Vizekönigen und ihren Gemahlinnen, von hohen Geistlichen, Professoren und Schriftstellern, gelehrte Auseinandersetzungen, literarische Gespräche, selbst Aufführungen von Dramen und Konzerten keine Seltenheit.[8] In den Gemäuern des Klosters verfügt Sor Juana zudem über eine größere Wohnung, in der sie sich allmählich eine Bibliothek von über 4000 Büchern sowie eine Sammlung von Musikinstrumenten und wissenschaftlichen Apparaten aufbauen kann.

In einer patriarchal geprägten Welt, in der das gelehrte und schriftstellerische Leben Männern vorbehalten bleibt, ermöglicht die Klosterexistenz Sor Juana, ihrem Wissens-»Appetit«[9] zu frönen. Spätestens hier beginnt sie auch, sich als Autorin von geistlichen und weltlichen Texten einen Namen zu machen, zu dem sich schon bald dies- wie jenseits des Atlantiks das Epitheton der »Zehnten Muse Mexikos« zu gesellen pflegt. Anlässlich von Festivitäten bei Hof,

---

[6] Vgl. Octavio Paz, *Sor Juana oder Die Fallstricke des Glaubens*, übers. v. Maria Bamberg, Versübertragungen von Fritz Vogelsang, Frankfurt a.M.: Suhrkamp 1994, S. 156.

[7] Sor Juana, »Antwort an Sor Filotea de La Cruz«, S. 110.

[8] Vgl. Vossler, »Die ›zehnte Muse von Mexiko«, S. 4.

[9] Sor Juana, »Antwort an Sor Filotea de La Cruz«, S. 109.

an der Universität, in Kirchen und Klöstern, zur Verherrlichung der häufig wechselnden Vizekönige oder zur Huldigung der Kirchenfürsten, bekommt Sor Juana in den folgenden Jahren regelmäßig Aufträge für lobpreisende Verse oder Dramen.

Auf Bitten des Bischofs von Puebla, Manuel Fernández Santa Cruz, verfasst Sor Juana 1690 ihre einzige dezidiert theologische Abhandlung. Die sogenannte *Carta atenagórica* entwickelt eine ausführliche Kritik des *Sermão do mandato*, einer Predigt des einflussreichen Jesuitenpaters António Vieira. Der berühmte Theologe und Beichtvater des portugiesischen Königs gilt heute als einer der wichtigsten Autoren seiner Epoche. Als politischer Akteur ist er genauso ambivalent wie der Barock selbst: In seinen sprachgewaltigen Schriften, wegen denen ihn Fernando Pessoa später den »Kaiser der portugiesischen Sprache«[10] nennen wird, erweist er sich als progressiver Humanist, der die Juden in Portugal und die Indigenen in Brasilien verteidigt – aber auch als Apologet und Vordenker des extraktivistischen Kolonialismus. In ihrer *Carta atenagórica* schreckt Sor Juana nicht davor zurück, dieser mächtigen Stimme zu widersprechen: Streitpunkt ihrer Entgegnung ist die Frage, worin die »Gnadenerweise Christi«, das heißt seine Liebesbeweise gegenüber dem Menschengeschlecht bestehen. Dass diese Veröffentlichung einen Kirchenstreit entfacht, liegt aber wohl weniger an den feingliedrigen Differenzen der theologischen Standpunkte als an der Tatsache, dass Sor Juanas brillierende Ausführungen als eine Infragestellung der Kirchenhierarchie verstanden werden können. Als Antwort auf die vehementen Vorwürfe und Widerlegungen, die nicht nur auf den Kanzeln der Kirchen, sondern auch in

---

[10] Fernando Pessoa, »Mensagem«, in: ders., *Esoterische Gedichte. Mensagem. Englische Gedichte*, hg. u. übers. v. Georg Rudolf Lind, Frankfurt a.M.: Fischer 1994, S. 104f.

den Sälen der Kollegien und Universitäten vorgetragen wurden, verfasst Sor Juana 1691 die *Antwort auf Sor Filotea de la Cruz*, eine Verteidigungsschrift, die zwar erst nach ihrem Tod veröffentlicht wird, aber schon zu Lebzeiten in handschriftlicher Form zirkuliert. Mit großer Spitzfindigkeit verteidigt sie ihre Intervention in eine theologische Debatte, die ihr eigentlich – so schreibt sie selbst – »Geschlecht, Alter und die herrschenden Sitten verwehrt« hätten.[11] Den »Leuten, die über [ihre] Schrift lästern«, entgegnet sie gewitzt, sie sei »gar nicht verpflichtet, etwas zu wissen«, weil sie ihren Kritikern zufolge auf Grund ihres Geschlechts »überhaupt nicht die Fähigkeit besitze, das Rechte zu treffen«. Ihren schier unbezwingbaren Drang zum Wissen und zum Schreiben führt sie jedoch nicht auf einen jugendlichen Übermut oder eine weibliche Naivität, sondern auf eine göttliche Inspiration, auf Gott selbst zurück: »[S]eit der Zeit, da der Morgenstrahl des Lichtes der Vernunft mich zum ersten Mal gestreift hatte, war mein Hang zu den Wissenschaften so heftig und mächtig, dass weder fremde Rügen – derer ich viele zu hören bekam – noch eigene Bedenken – deren ich nicht wenige hegte – mich daran zu hindern vermochten, diesem natürlichen Drang zu folgen, den Gott mir eingegeben hat«.[12] Ihre intellektuelle Autobiographie, die sie selbst als »getreues Bild [ihres] Wissensdurstes« bezeichnet hat,[13] wurde immer wieder als eine Art Prosafassung des *Ersten Traums*,[14] vor allem aber als leidenschaftliches Plädoyer für das Recht der Frauen auf Bildung und intellektuelle Freiheit verstanden. Es ist jedenfalls nicht überspitzt, wenn Sor Juana bereits im

---

[11] Sor Juana, »Antwort an Sor Filotea de La Cruz«, S. 105.

[12] Ebd., S. 107.

[13] Ebd., S. 109.

[14] Vgl. Paz, *Sor Juana*, S. 537.

Jahr 1925 von Dorothy Schons als »erste Feministin Amerikas« bezeichnet wird.[15]

Das letzte Jahrzehnt des 17. Jahrhunderts ist in Neuspanien von erheblichen Unruhen geprägt. Im Sommer 1691 vernichtet ununterbrochener Regenfall die Ernten, Getreideschwarzrost zerstört zudem den ohnehin schon allzu knappen Weizen und Mais. Es kommt zur Hungersnot, die dem Vizekönig angelastet wird, der sich angesichts des zunehmenden Aufruhrs im Kloster des Heiligen Franziskus in Sicherheit bringen muss. Am 8. Juni 1692 gehen Teile des Palasts, das Staatsarchiv und das Kapitelhaus in Flammen auf. Auch wenn der Zusammenhang zu diesen politischen Erschütterungen bis heute nicht endgültig geklärt werden konnte, finden sich nach diesen Ereignissen nur noch wenige schriftliche Zeugnisse Sor Juanas. Sie entsagt ihrer Studien, übergibt ihre Juwelen und Geschenke, mit denen sie von der Hofgesellschaft überhäuft worden war, aber auch ihre Bibliothek und ihre astronomischen und musikalischen Instrumente an den Bischof von Mexiko, der den Erlös aus deren Verkauf unter den Armen verteilen soll. Der Grund für eine solche Geste ist wohl weniger ein Bekehrungserlebnis als die disziplinierende Autorität der Kirchenobrigkeit, die in immer unruhigeren Zeiten eine unbequeme Stimme zum Schweigen bringen will. Als 1695 im Kloster die Pest ausbricht, steckt sich Sor Juana während der Krankenpflege an und stirbt am 17. April im Alter von 46 Jahren. Es wurde vermutet, dass sie mit ihrer Ansteckung Selbstmord begangen hat.

Sor Juanas Werk umfasst kirchliche wie weltliche Lyrik, Fronleichnamsspiele (*autos sacramentales*), Gesänge

---

[15] Dorothy Schons, »The First Feminist in the New World«, in: *Equal Rights*, 31. Oktober 1925, S. 11f. Für feministische Lektüren von Sor Juana vgl. insb. Stephanie Merrim (Hg.), *Feminist Perspectives on Sor Juana Inés de la Cruz*, Detroit: Wayne State University Press 1999.

für kirchliche Feste (*villancios*), weltliche Dramen wie das Mantel- und Degenstück *Los empeños de una casa* (1683), aber auch Texte wie den Entwurf für einen Triumphbogen, der im Jahr 1679 mit seinen allegorischen Bildern und Inschriften den Einzug des neuen Vizekönigspaars, des Grafen von Paredes und seiner Frau María Luisa Manrique de Lara y Gonzaga, feiern sollte und im folgenden Jahr unter dem Titel *Neptuno alegórico* gedruckt wurde. Ihre Werke hat Sor Juana nicht selbst veröffentlicht (gedruckt werden sie erstmals auf der anderen Seite des Atlantiks: In Madrid erscheint 1689 und 1692 eine zweibändige Werkausgabe). Viele ihrer literarischen oder theoretischen Texte sind deshalb verlorengegangen: so etwa ein Lehrbuch der musikalischen Harmonie, eine Abhandlung über das moralische Gleichgewicht oder ein Kompendium der logischen Elementarlehre. Ihre Lyrik umfasst eine Vielzahl von Liebesgedichten, die in der Forschungsliteratur mitunter auf biographische Begebenheiten zurückgeführt wurden – und zwar nicht zuletzt auf ein Liebesverhältnis mit der Vizekönigin María Luisa Manrique de Lara y Gonzaga. Über die Wahrheit solcher Vermutungen lässt sich heute kein sicheres Urteil fällen. In jedem Fall stehen Sor Juanas hochstilisierte Gedichte in der Tradition des Petrarkismus: Die Topoi der Liebe werden demnach in ihren Gedichten – zumindest auch – aufgerufen, um die Vorbilder dieser Tradition in einem dichterischen Wettkampf herauszufordern. Die wiederholten Kehrtwenden von der Affirmation zur Bestreitung dieser möglichen biographischen Bezüge, die sich in der Forschungsgeschichte verzeichnen lassen, verweisen zudem auf die problematischen Bedingungen, unter denen eine Frau in der Vergangenheit überhaupt als ›relevante‹ Autorin in Erscheinung treten konnte: Während der Dichterin zunächst – anders als männlichen Dichtern – die Fähigkeit abgesprochen wurde, über literarische Gegenstände schreiben zu können, die ihre persönliche Erfahrung überschreiten, scheint spätestens Octavio Paz von der gleichermaßen irritierenden Auffassung getragen gewesen zu sein, Sor Juana könne als gewichtige Vorläuferin einer lateinamerikanischen Literatur nur etabliert werden, wenn ihre mögliche Homosexualität dem Register des »Phantastischen« zugeordnet bleibt.[16]

Wie für das 17. Jahrhundert allgemein üblich, ist Sor Juanas literarisches Werk vorwiegend Anlassdichtung gewesen – mit einer Ausnahme, die sie in ihrer *Antwort auf Sor Filotea de la Cruz* eigens hervorgehoben hat: das »Papierchen, das man *El Sueño* nennt«.[17] Über den Entstehungszeitpunkt des *Ersten Traums* herrscht Uneinigkeit. Sicher ist nur, dass er im zweiten Band ihrer Werke von 1692 mit folgendem Titel erstmals veröffentlicht wird: *Erster Traum, so genannt und verfasst von madre Juana in Nachahmung Góngoras.* Es kann sein, dass Sor Juana ursprünglich den Plan verfolgt hat, auch einen »Zweiten Traum« zu dichten – so ließe sich zumindest die Anspielung auf den spanischen Lyriker und Dramatiker Luis de Góngora verstehen, der zwei Langgedichte mit dem Titel *Soledad primera* und *Soledad segunda* verfasst hat.[18] Der Form nach ist Sor Juanas *Erster Traum* eine klassische

---

16 Vgl. Octavio Paz, *Sor Juana*, S. 160–164.

17 Sor Juana, »Antwort an Sor Filotea de La Cruz«, S. 153.

18 Vgl. Luis de Góngora y Argote, *Soledades*, übers. v. Erich Arendt, hg. v. Karlheinz Barck, Reclam: Leipzig 1973. Bernhard Teuber gibt noch eine andere Deutung: Ihm zufolge »dürfen wir mit einem gewissen Recht den Titel des Gedichts – *Primero Sueño* – in Entsprechung der darin erkannten *causa primera* (πρώτη οὐσία der Aristotelischen Metaphysik) als ›Metaphysischer Traum‹ übersetzen.« (Bernhard Teuber, »Curiositas et crudelitas. Das Unheimliche am Barock bei Góngora, Sor Juana Inés de la Cruz und José Lezama Lima«, in: Joachim Küpper u. Friedrich Wolfzettel (Hg.), *Diskurse des Barock. Dezentrierte oder rezentrierte Welt?*, München: Wilhelm Fink 2000, S. 615–652, hier: S. 649).

silva, das heißt eine im spanischsprachigen Barock typische, strophenlose Gedichtform von häufig größerer Länge, die aus einer Kombination von Elf- und Siebensilbern besteht. Wie für eine *silva* üblich, erfahren die 975 unregelmäßig gereimten Verse keine Unterbrechung. Sie nehmen damit bereits in ihrer Form die im Gedicht verhandelte Unmöglichkeit vorweg, das »diffuse Chaos« der vielfältigen Erscheinungen auf eindeutige, voneinander isolierbare Begriffe zu bringen (S. 57): Während des Schlafs erkundet die Seele im *Ersten Traum* eine »sublunare« Welt (S. 41 u. 49), in der die materiellen Körper der Geologie, der Physik, der Architektur oder Technik mit den – vermeintlich – ideellen Gebilden der Geometrie, des Mythos, der Theologie oder der Philosophie unauflöslich miteinander verschlungen bleiben. Dass sich die Überfülle der Erscheinungen nicht länger in die gesicherten Unterscheidungen von Natur und Kultur, von Materie und Geist erfassen lässt, zeigt sich bereits im Unvermögen der Seele, sich vom schlafenden Körper loslösen zu können – ist sie doch selbst nichts als der Effekt eines dampfenden und rumorenden Gefüges von Fleisch, Knochen, Säften und Arterien (vgl. S. 35ff.). Alles Feste, seien es physische Körper oder rationale Vorstellungen, geht aus der pulsierenden sublunaren Sphäre hervor und löst sich auch wieder in sie auf.

Der *Erste Traum* stellt dieser sublunaren Sphäre, in der alles miteinander verflochten ist, eine supralunare, dem menschlichen Wirken entzogene Sphäre entgegen. Die einbrechende Nacht scheint das allgemeine Pulsieren der sublunaren Sphäre bis zu einem gewissen Grad zu suspendieren. Von all den Ablenkungen der Weltmaschine befreit, setzt die Seele jetzt zu einem Flug an, zu einer Ablösung von ihrem schlafenden, aber unmerklich weiter pulsierenden Leib: Sie steigt in die Sphären der Architektur, der Literatur, der Wissenschaften und der Philosophie auf, sie erklimmt die »Wahn-Pyramide«. Auf dem Höhepunkt ihres Wahns angekommen, hält sie die Wolken für ihre Krone: Doch ihre Hybris kann jederzeit vom erneut einsetzenden Wind zerstreut oder von der aufgehenden Sonne zerstäubt werden. Der Tag entzaubert jede Illusion eines vermeintlich standpunktlosen Standpunktes, von dem aus sich die sublunare Sphäre überblicken und beherrschen und das opake, chaotische Aggregat in ein durchsichtiges System verwandeln ließe. Mit der aufgehenden Sonne lässt Sor Juana die »Mixtur aus Feuchtem und aus Feurigem« erneut in jenes »Naturgefäß« zurückstürzen (S. 73), mit dem in der zeitgenössischen spanischen Traktatliteratur zumindest auch – darauf verweist Bernhard Teuber – der weibliche Schoß und mit ihm die Affirmation der »weiblichen Fruchtbarkeit und Sexualität« aufgerufen ist.[19] Das Tageslicht entzaubert das Schattenspiel der Begriffe und Ideen, bindet sie zurück an den Leib, dem sie niemals vollständig entfliehen konnten. Man meint einer eigenartigen Umkehrung des platonischen Höhlengleichnisses beizuwohnen: Dem Aufstieg von der trügerischen Anschauung zu den klaren Ideen wird hier ein Abstieg von den vermeintlich zeit- und ortlosen Begriffen zum »gewisseren Licht« der Wahrnehmung entgegengesetzt, in der alle Erscheinungen unentwirrbar miteinander verflochten sind. Weder die Wahn-Pyramide der Metaphysik noch die unverwüstliche Sonnenpyramide von Teotihuacán, ja nicht einmal der pyramidale Schatten des Planeten Erde kann den Kräften der sublunaren Sphäre, kann den »immensen Mischungen«, dem »Überfluss an Dingen«, ihrem »unbegreiflichen Haufen«, entkommen (S. 51).

In diesem Wuchern, Brodeln und Vermischen kommt eine Grunderfahrung der tropischen Welt zum Ausdruck. In einem Text über den Jesuitenpater Vieira, gegen den sich Sor Juana mit ihrer *Carta atenogórica* aufgelehnt hatte, fin-

---

[19] Ebd., S. 651f.

det Eduardo Viveiros de Castro für diese Erfahrung ein eindrückliches Bild: Der Urwald scheint für ihn überall und jederzeit »im Begriff, sich über den von der Kultur mühsam eroberten Räumen wieder zu verschließen«.[20] Wenn der Barock Lateinamerikas überbordend und schwülstig ist,[21] dann also auch auf Grund der unentwirrbaren Interdependenzen jener »winzigen Flechte« namens Erde, mit der die Menschen und ihre geistigen und physischen Produktionen – darauf verweist Sor Juana im *Ersten Traum* immer wieder – irreduzibel verflochten sind.[22] Der abwertenden Definition des Barock von Jakob Burckhardt, der in ihm nur einen »verwilderten Dialekt« der Renaissance erkennen konnte, lässt sich deshalb auch eine affirmative Wendung geben.[23] Denn hier begegnet tatsächlich eine Verwilderung: allerdings keine Degeneration, wie Burckhardt meint, sondern eher so etwas wie eine Auswilderung des Renaissance-Humanismus und der ganzen europäischen Hochkultur.[24] Es handelt sich dabei nicht um eine Absage an die geistigen Höhenflüge, an die Dichtung oder die Philosophie – nichts würde Sor Juana, der mutigen Verteidigerin der intellektuellen Freiheit, der barocken Neugier und des weiblichen Schreibens ferner liegen. Vielmehr geht es um eine Einsicht

---

[20] Eduardo Viveiros de Castro, »Der Marmor und die Myrte. Von der Unbeständigkeit der wilden Seele«, in: ders., *Die Unbeständigkeit der wilden Seele*, übers. v. Oliver Precht, Wien: Turia + Kant 2016, S. 161–231, hier: S. 162.

[21] Für eine Einführung in die lateinamerikanische Barockdebatte vgl. Walter Moser, »Barock«, in: Karlheinz Barck u.a. (Hg.), *Ästhetische Grundbegriffe. Historisches Wörterbuch in sieben Bänden*, Bd. 1, Stuttgart / Weimar: Metzler / Poeschel 2010, S. 578–618.

[22] Zur »winzigen Flechte« vgl. Bruno Latour, *Wo bin ich? Lektionen aus dem Lockdown*, übers. v. Hans-Joachim Russer u. Bernd Schwibs, Berlin: Suhrkamp 2021, S. 51.

[23] Jacob Burckhardt, *Der Cicerone. Eine Anleitung zum Genuss der Kunstwerke Italiens* [1855], Stuttgart 1978, S. 348.

[24] Vgl. Teuber, »Curiositas et crudelitas«, S. 622.

in die Verflochtenheit selbst noch der scheinbar losgelöstesten, in den höchsten Sphären schwebenden Geistesprodukte.

Die Auffassung, dass dieser tropische Barock mehr ist als ein bloßer Abklatsch einer (ihrerseits ›pathologischen‹, ›wahnhaften‹ oder ›eitlen‹) europäischen Verfallsepoche, ist keinesfalls neu: Neben kubanischen Schriftsteller_innen wie José Lezama Lima, Alejo Carpentier oder Severo Sarduy, die in ihren Schriften immer wieder versucht haben, das Wesen Amerikas ausgehend vom Barock zu denken,[25] verweist auf diese Einsicht auch der brasilianische Dichter und Literaturkritiker Haroldo de Campos. Als Reaktion auf Antonio Candidos einflussreiche und viel gelesene *Formação da literatura brasileira* veröffentlichte er zuerst seine einflussreiche Programmschrift »Von der anthropophagen Vernunft« und einige Zeit später den Langessay *O sequestro do barroco* [dt. etwa: *Die Entführung des Barock*].[26]

---

[25] Vgl. Michael Rössner, »Barock als Element mitteleuropäischer und lateinamerikanischer Identität – Überlegungen zur Konstruktion und ›Innenausstattung‹ von Gedächtnisorten«, in: Moritz Csáky, Federico Celestini u. Ulrich Tragatschnig (Hg.), *Barock – ein Ort des Gedächtnisses. Interpretament der Moderne/Postmoderne*, Wien / Köln / Weimar: Böhlau 2007, S. 47–64, hier: S. 54–59. Auch in der zeitgenössischen mexikanischen Dichtung wurde die Forderung nach einem »nuevo barroquismo« erneuert, vgl. Ricardo Chávez Castañeda, Ignacio Padilla, Pedro Ángel Palou, Eloy Urroz u. Jorge Volpi, *Manifiesto del Crack y Postmanifiesto del Crack, 1996–2016*, Gainesville (FL): La Pereza Ediciones 2017.

[26] Vgl. Haroldo de Campos, »Von der anthropophagen Vernunft«, aus dem brasilianischen Portugiesisch übers. v. Oliver Precht, in: Oswald de Andrade, *Manifeste*, hg. v. Oliver Precht, Wien / Berlin: Turia + Kant 2016, S. 145–185; *O sequestro do barroco na formação da literatura brasileira: O caso de Gregório de Matos*, São Paulo: Editora Iluminuras 2020 [der Text wurde in Auszügen ins Englische übersetzt: »Disappearance of the Baroque in Brazilian Literature: The Case of Gregorio de Matos«, in: Haroldo de Campos, *Novas. Selected Writings*, hg. u. übers. v. Antonio Sergio Bessa und Odile Cisneiros, Evanston (IL): Northwestern Uniersity Press 2007, S. 178–193).

Während Candido den Barock und den Modernismus des frühen 20. Jahrhunderts vollständig aussparte, weil sie sich in seinen Versuch, eine geradlinige Tradition, eine brasilianische Nationalliteratur und -identität zu konstruieren, schlicht und einfach nicht integrieren ließen, sieht Haroldo de Campos im tropischen Barock den Ursprung einer nichtidentitären, pluralen Gegentradition. In beiden Texten argumentiert er für die Rehabilitierung eines polyglotten, oft subversiven, eines »differentiellen Barock«.[27] Die unangepassten und eigenwilligen Schriftsteller_innen dieser Epoche standen untereinander und mit ihren europäischen Zeitgenossen im geistigen Austausch, rezipierten und transformierten Texte und Gedanken aus aller Welt, vermischten europäische und indigene (und afroamerikanische) Einflüsse.[28] Neben dem »Höllenmaul« Gregório de Matos, dem Haroldo de Campos seine Barock-Studie widmete, ist Sor Juana die zentrale Referenz für den differentiellen Barock: »Während sie in den Zwischenräumen des universellen Codes die Differenz sprechen ließen, führten die lateinamerikanischen Dichter des Barock auch untereinander ein Gespräch, das erst heute langsam wieder aufgenommen wird.«[29]

---

[27] »Wie Mexikos zehnte Muse, der Peruaner Juan del Valle Caviedes und der Kolumbianer Hernando Domínguez Camargo entwickelt der Brasilianer Gregório de Matos einen differentiellen Barock, der sich nicht auf sein europäisches Vorbild reduzieren lässt.« (Haroldo de Campos, »The Ex-Centric's Viewpoint: Tradition, Transcreation, Transculturation«, in: Kenneth David Jackson (Hg.), *Haroldo de Campos. A Dialogue with the Brazilian Concrete Poet*, Oxford: Centre for Brazilian Studies 2005, S. 3–13, hier: S. 4).

[28] Den subversiven Charakter des Barock betont auch Teuber: »Damit [...] wäre der Barock nicht einfach schillernder Reflex einer gegenreformatorischen Epoche der Kirchengeschichte, einer feudal-absolutistischen Epoche der Sozialgeschichte oder einer analogiebesessenen Epoche der Diskursgeschichte, sondern barock wäre – in einem starken Sinn – *die unheimliche Wiederkehr ästhetischer Subversion.*« (Teuber, »Curiositas et crudelitas«, S. 652. Hervorhebung im Original).

[29] De Campos, »Von der anthropophagen Vernunft«, S. 163.

Als der lateinamerikanische Barock in der zweiten Hälfte des 20. Jahrhunderts wiederentdeckt wurde, diente er als Modell für eine kulturelle Identität der Nicht-Identität: Eine ganze Generation von Intellektuellen erkannte, dass der Barock gerade kein »Stil des Verfalls» war, sondern ein Stil »der Fülle, der in Spanien und in Spanisch-Amerika für Errungenschaften der Sprache steht, die vielleicht einzigartig in der Welt sind«.[30] Die lateinamerikanischen Schriftsteller- und Künstler_innen des Barock begnügten sich keineswegs damit, unterwürfig ihre europäischen Vorbilder nachzuahmen. Wie Lezama Lima betont, war das Auftreten von Sor Juana ein echtes Ereignis: »Es ist das erste Mal, dass in der Sprache eine amerikanische Gestalt einen überlegenen Rang einnimmt.«[31]

Zunächst war der barocke Code eine Insignie der Macht der Kolonialherren: Die marginalisierten *criollos* und *mestizos* sahen sich gezwungen, dieses hegemoniale Modell nachzuahmen. Dabei kam es allerdings zu einer bedeutenden Abweichung: Der einmal in die Neue Welt verpflanzte, ausgewilderte Barock diente nicht länger ausschließlich der Demonstration kolonialer Macht, sondern entwickelte sich zunehmend zum Medium einer umfassenden und unabschließbaren kulturellen Hybridisierung, in religiösen Dingen auch zu einem eigentümlichen Synkretismus.[32] Der ecuadorianisch-mexikanische Philosoph Bolívar Echeverría hat diesen subversiven Prozess als eine *códigofa-*

---

30 José Lezama Lima, »Die barocke Neugier«, in: ders., *Die amerikanische Ausdruckswelt*, übers. v. Gerhard Poppenberg, Frankfurt a.M.: Suhrkamp 1992, S. 45–71, hier: S. 46.

31 Ebd., S. 59.

32 Ein besonders interessantes Beispiel für diesen Synkretismus bietet der bereits erwähnte António Vieira: In seiner *Predigt an die Fische* lässt sich der allegorische Exzess kaum mehr von der perspektivistischen Kosmologie der indigenen Völker unterscheiden: António Vieira, *Die Predigt des heiligen Antonius an die Fische*, übers. v. Georges Güntert, Zürich: Diogenes 1994.

gia beschrieben, als ein Verschlingen, das nicht zuletzt an Oswald de Andrades *antropofagia*[33] denken lässt: »Der kulturelle Mestizaje bestand in einer *códigofagia*, die vom kulturellen Code der Beherrscher über die Reste der kulturellen Codes der Beherrschten ausgeübt wurde. Es war ein Vorgang, in dem der Verschlingende sich oftmals hat grundlegend verändern müssen, um die verschlungene Substanz auf angemessene Weise aufzunehmen; ein Vorgang, bei dem die Identität der Sieger ihre eigene Existenz aufs Spiel setzen musste, indem sie versuchte, sich die Identität der Besiegten anzueignen.«[34]

Für die Debatte über einen »differentiellen« oder »mestizischen« Barock ist Sor Juana in erster Linie eine selbstbewusste Kreolin, die auf Augenhöhe mit den großen Schriftstellern und Theoretikern ihrer Zeit kommuniziert, die mit ihrer Imagination und ihrer Sprachgewalt Amerika zumindest kulturell von der europäischen Vorherrschaft emanzipiert, die im *Divino Narciso* als Verteidigerin der Indigenen auftritt (und selbst bisweilen versucht, auf Nahuatl zu schreiben),[35] und die nicht zuletzt die patriarchalen Machtstrukturen herausfordert. Heute kann man in ihren Texten, insbesondere im *Ersten Traum*, vielleicht noch etwas anderes erkennen. Als Schlüsselfigur eines »tropischen« Barock nimmt Sor Juana Inés de la Cruz, darin Michel de Montai-

---

[33] Vgl. dazu Oswald de Andrade, *Manifeste*, a.a.O.; *Die Krise der messianischen Philosophie*, hg. u. übers. v. Marcus Coelen u. Oliver Precht, Wien / Berlin: Turia + Kant 2017.

[34] Bolívar Echeverría, »Flüchtige Identität«, in: ders., *Für eine alternative Moderne. Studien zu Krise, Kultur und Mestizaje*, hg. u. übers. v. David Graaff, Javier Sigüenza u. Lukas Böckmann, Hamburg: Argument Verlag, S. 206–223, hier: S. 211.

[35] Vgl. Sor Juana Inés d la Cruz, *El divino Narciso*, hg. v. Robin Ann Rice, Barañáin: Ediciones Universidad de Navarra 2005; eine englische Übersetzung des einschlägigen Prologs zu diesem Stück findet sich in: Sor Juana Inés de la Cruz, *Selected Works*, übers. v. Edith Grossman, New York / London: W. W. Norton & Company 2015, S. 111–140.

gne verwandt, zentrale Fragen und Themen eines Denkens der Verflechtung vorweg. Ihre eigenwillige Literatur destabilisiert nicht nur die eurozentrische Vorherrschaft und ihre fragwürdigen Kategorien, sondern scheint zugleich die Grundunterscheidungen des modernen Projekts der Naturbeherrschung zu unterlaufen: Im *Ersten Traum* kommt es zu einer unauflöslichen Verflechtung zwischen Geist und Körper, zwischen Natur und Kultur, zwischen Traum und Wissenschaft. Die fest gedachten Gegensätze werden durch ihre magmatischen Verse in Bewegung gebracht, auf eruptive Weise verflüssigt und verdampft.

Johannes Kleinbeck und Oliver Precht
Mexiko-Stadt, 5. August 2023

Erster Traum

Primero sueño[1]

[1] Text entnommen aus: Segvndo Volvmen de las obras de Soror Jvana Inés de la Crvz, Monja Profesa en el Monasterio del Señor San Geronimo de la Civdad de Mexico, dedicado por sv misma avtora a D. Jvan de Orue y Arbieto, Cavallero de la órden de Santiago. Año 1692. Con Privilegio, En Sevilla, por Tomas Lopez de Haro, Impressor, y Mercader de Libros, S. 247–276. Siehe: https://www.cervantesvirtual.com/obra-visor/segundo-volumen-de-las-obras-de-soror-juana-ines-de-la-cruz--0/html/f32c6599-a951-4707-857d-a68db8649ee3_351.htm

PRIMERO SUEÑO, QVE ASSI INTITULÓ, Y COMPVSO LA MADRE JVANA INES DE LA CRVZ, imitando à Gongora.

Piramidal, funesta, de la tierra
Nacida sombra, al Cielo encaminaba
De vanos obeliscos punta altiva,
Escalar pretendiendo las Estrellas;
Si bien, sus luzes bellas
Essemptas siempre, siempre rutilantes,
La tenebrosa guerra,
Que con negros vapores le intimaba
La pavorosa sombra fugitiva,
Burlaban, tan distantes,
Que su atezado ceño,
Al superior convexo aun no llegaba
De el Orbe de la Diosa,
Que tres vezes hermosa
Con tres hermosos rostros ser ostenta:
Quedando solo dueño
De el ayre, que empañaba
Con el aliento denso, que exhalaba:
Y en la quietud contenta
De imperio silencioso
Summissas solo vozes consentia
De las nocturnas Aves,
Tan obscuras, tan graves,
Que aun el silencio no se interrumpia.
Con tardo buelo, y canto, de el oìdo
Mal, y aun peor de el animo admitido,
La avergonçada Nictimene azecha
De las Sagradas puertas los resquicios,
O de las claraboyas eminentes
Los huecos mas propicios,

ERSTER TRAUM, SO GENANNT UND VERFASST VON MADRE JUANA INÉS DE LA CRUZ,
in Nachahmung Góngoras.

Pyramidal, düster brach der Erdschatten auf zum Himmel und die
blasierte Spitze des Eitel-Obelisken
war schon am ersten Sterneklettern;
obschon die schönen Lichter,
die immer frei stehn, immer blinzeln,
über diesen finstren Kampf,
den mit Dunkeldampf der furchtbar
flüchtige Schatten provozierte,
nur lachen konnten aus der Ferne,
weil sein dunkles Stirngerunzel
drang nichtmal ans äußerste Konvex
des Orbits der Göttin[1]
die 3-fach schön war und
mit 3-fach schönen Gesichtgestalten prahlte:
Der Schatten konnte nur die
Luft beherrschen, die dunkel war
vom dicken Atem, den er ständig ausstieß:
und in der trüben Stille
seiner schweigsamen Gewalt,
die nichts duldete als fügsame
Stimmen nächtlicher Vögel
so dunkel, so gravitätisch, dass
selbst das Schweigen sich nicht unterbrach.
Im Zögerflug und mit Gekrächze, das bös
aufs Ohr und böser noch auf Stimmung schlägt,
späht die verlegene Eule Nyktimene
nach den Ritzen der heiligen Tore
und sucht am Tempeloberlicht
nach passenden Spalten, die ihrem

Que capaz à su intento le abren brecha,
Y sacrilega llega à los luzientes
Faroles Sacros de perenne llama,
Que extingue, si no infama,
En licor claro, la materia crassa
Consumiendo, que el arbol de Minerva
De su fruto, de prensas agravado,
Congoxoso sudò, y rindiò forçado.
Y aquellas, que su casa
Campo vieron bolver, sus telas yerva,
A la Deydad de Baco inobedientes,
Ya no Historias contando diferentes,
En forma si afrentosa transformadas,
Segunda forman niebla,
Ser vistas aun temiendo en la tiniebla,
Aves sin pluma aladas:
Aquellas tres oficiosas digo,
Atrevidas Hermanas,
Que el tremendo castigo
De desnudas les diò pardas membranas,
Alas, tan mal dispuestas,
Que escarnio son aun de las mas funestas:
Estas con el parlero
Ministro de Pluton vn tiempo, aora
Supersticioso indicio al Agorero,
Solos la no canóra
Componian Capilla pavorosa,
Maximas negras, longos entonando,
Y pausas, mas que vozes, esperando
A la torpe mensura perezosa
De mayor proporcion tal vez, que el viento
Con flematico echaba movimiento,
De tan tardo compàs, tan detenido,
Que en medio se quedò tal vez dormido.

Einbruch eine Bresche schlagen,
die Diebin fliegt zum Flackern hin,
der frommen Lichter, die ewig sind,
und löscht sie, ja befleckt sie gar,
sie schlürft den hellen Öllikör, die fette
Masse, die Minervas Baum aus ihren
Früchten schwitzte und unter
Zwang der Presse qualvoll von sich spie.
Und die Schwestern,[2] die ihr Haus
Feld werden sahen und ihr Gewebe
Unkraut – weil sie gehorchten Bacchus nicht –,
erzählen keine Geschichten mehr,
verwandelt in solche Schandgestalten,
bilden einen 2. Nebel,
aus Angst, im Finstern erkannt zu werden
Vögel federloser Flügel:
die 3 Ruhelosen meine ich,
verbissene Schwestern,
denen nackt zur schlimmen Strafe
braune Membrane gewachsen kamen
Flügel so unförmig,
dass sie Hohn waren selbst noch den Monstern:
Gemeinsam mit dem tratschenden,
Kämmerling Plutos von einst,[3]
der Unglücksvogel ist dem Pessimist,
bildeten sie singvogelverstimmt
einen schrecklichen Chor
intonierten Maximae, Brevis und Longae[4]
und mehr Pausen als Töne, warteten auf
den lahmen ungelenken Takt,
den das Dirigat des Winds in *proportio maioris*
mit träger Gebärde vorgab,
von solchem Zögertakt, so karg,
dass der Wind, mag sein, mittendrin eingenickt war.

Este, pues, triste son, intercadente,
De la assombrada turba temerosa
Menos à la atencion solicitaba,
Que al sueño persuadia;
Antes si lentamente
Su obtusa consonancia espaciosa
Al sossiego inducia,
Y al reposo los miembros combidaba,
El silencio intimando à los vivientes,
Vno, y otro sellando labio obscuro,
Con indicante dedo,
Harpocrates la noche silencioso;
A cuyo, aunque no duro,
Si bien imperioso,
Precepto todos fueron obedientes,
El viento sossegado, el Can dormido,
Este yaze, aquel quedo
Los atomos no mueve,
Con el susurro hazer temiendo leve,
Aunque poco, sacrilego ruido,
Violador del silencio sossegado.
El mar, no ya alterado,
Ni aun la instable mecia
Cerulea cuna, donde el Sol dormia,
Y los dormidos siempre mudos pezes,
En los lechos lamosos
De sus obscuros senos cavernosos,
Mudos eran dos vezes,
Y entre ellos la engañosa Encantadora
Almone, à los que antes
En pezes transformò simples amantes,
Transformada tambien vengaba aora.
En los de el monte senos escondidos
Concavos de peñascos mal formados,

Dieser trostlos stockende Stammellaut
der düster unheimlichen Menge
buhlte nicht um Aufmerksamkeit, nein,
verlockte vielmehr zum Schlafen;
ja, langsam wurde
im Dumpfklang, der weit reichte,
zur Ruhe gemahnt
und die Glieder zur Entspannung gewiesen,
wurde jedem Leben Schweigen geheißen
die ein und die andere Lippe dunkel
siegelte mit dem Zeigefinger
Harpokrates, die Nacht, leise;
diesem zwar nicht groben,
aber herrischen
Gebot waren alle gehorsam,
der Wind legte sich, der Hund ging schlafen,
einer lag, der andere still,
rührte nicht ein Atom,
aus Angst, sein Wispern stieße, leicht,
ganz leis doch Geräusche aus, was Sakrileg,
er Schänder tonlosen Schweigens wär.
Das Meer war nicht mehr aufgewühlt
schaukelte kaum die instabile
himmelblaue Wiege, wo die Sonne schlief,
und die immerstummen Fische, die
in Betten aus Schlick, in
dunklen Höhlen-Becken[5] schlummern,
wurden doppelt stumm,
unter ihnen lag die trügerische Zauberin
Almone,[6] die erst andere,
naive Geliebte, in Fische verwandelte,
nun selbst verwandelt war, vergolten jetzt.
Versteckt in Bergebecken
konkav und unförmig von Brocken,

De su aspereza menos defendidos,
que de su obscuridad assegurados,
Cuya mansion sombria
Ser puede noche en la mitad de el dia,
Incognita, aun al cierto
Montaraz pie de el Cazador experto,
Depuesta la fiereza
De vnos, y de otros el temor depuesto,
Yazia el vulgo bruto,
A la naturaleza
El de su potestad pagando impuesto,
Vniversal tributo.
Y el Rey, que vigilancias afectaba,
Aun con abiertos ojos no velaba.
El de sus mismos perros acosado,
Monarca, en otro tiempo, esclarecido,
Timido ya Venado,
Con vigilante oído,
De el sossegado ambiente
Al menor perceptible movimiento,
Que los atomos muda,
La oreja alterna aguda,
Y el leve rumor siente,
Que aun le altera dormido.
Y en la quietud del nido,
Que de brozas, y lodo instable hamaca
Formò en la más opaca
Parte del arbol, duerme recogida
La leve turba, descansando el viento,
De el que le corta, alado movimiento.
De Jupiter el Ave generosa
(Como al fin Reyna) por no darse entera
Al descanso, que vicio considera,
Si de precisso passa, cuydadosa

weniger überdeckt durch Herbheit
als vielmehr geschützt durch Dunkelheit,
liegt ein schattiges Haus,
wo Nacht sein kann mitten am Tag,
das selbst geheim ist den zähen
Füßen der Jagdexperten,
wo ihre Wildheit ablegen
Raubtiere, wie Beutetiere ihre Furcht,
da lag der wilde Tier-Pöbel
und zahlte brav der Natur
ihrer Gewalt gemäße Steuern,
universellen Tribut.
Und ihr König,[7] der zu Wachen heuchelte,
war trotz offener Augen nicht wach.
Der von eigenen Hunden gehetzte,
Monarch, zu seiner Zeit berühmt,
inzwischen Wild geworden, scheu
und wachen Ohrs, spitzt
in leiser Umgebung
bei kleinster wahrnehmbarer Regung
wenn Atome sich bewegen
die Ohren im Wechsel
hört es lautlos Rascheln
was ihn noch schlafend stört.
Und in der Ruhe im Nest,
das aus Gestrüpp und Lehm wacklig eine Matte
formt im Dickichtdunkel
am Baum, da schläft behaglich
der zarte Vogelmob und lässt den Wind
verschnaufen von scharfen Flügelschnitten.
Jupiters nobler Vogel[8]
(schließlich Königin) gibt sich nie ganz
der Erholung hin, hält sie für eine Unart,
wenn sie übertrieben wird und schaut,

De no incurrir de omissa en el excesso,
A vn solo pie librada, fia el peso,
Y en otro guarda calculo pequeño,
Despertador Relox del leve sueño:
Porque, si necessario fue admitido,
No pueda dilatarse continuado;
Antes interrumpido,
De el Regio, sea pastoral cuydado.
O! de la Magestad pension gravosa,
Que aun al menor descuydo no perdona!
Causa quizà, que ha hecho misteriosa,
Circular denotando la Corona,
En circulo dorado;
Que el afán es no menos continuado.
El sueño todo en fin lo posseía,
Todo en fin el silencio lo ocupaba,
Aun el Ladron dormia,
Aun el Amante no se desvelaba,
El conticinio casi ya passando
Iba, y la sombra dimidiaba, quando
De las diurnas tareas fatigados,
Y no solo oprimidos
De el afán ponderoso
De el corporal trabajo; mas cansados
De el deleyte tambien: que tambien cansa
Objecto continuado à los sentidos,
Aun siendo deleytoso;
Que la Naturaleza siempre alterna
Ya vna, ya otra balança,
Distribuyendo varios exercicios,
Ya à el ocio, ya à el trabajo destinados,
En el fiel infiel, con que govierna
La aparatosa maquina del Mundo.
Assi, pues, de profundo

nicht lax der Schlafgier zu verfallen.
Hält das Gewicht auf einem freien Bein,[9]
am andern trägt er einen kleinen Stein,
Weckuhr seines leichten Schlafs:
damit er, wenn es nötig wär,
nicht lang schliefe;
vorher unterbrochen,
um pastoral-royal weiterzuwachen.
Eine Bürde, so eine Majestätenwürde,
vergibt auch nicht die kleinste Unvorsicht!
Vielleicht der Grund, auf den heimlich
die Krone verweist, die ewig zirkuliert
in ihrem Goldkreis;
dass die Gier nicht weniger weitergeht.
Der Schlaf[10] besaß endlich alles,
alles endlich besetzte die Stille,
selbst der Dieb schlief,
selbst der Geliebte hielt sich nicht mehr wach,
die stillste Stunde der Nacht war fast schon
vorbei, und der Schatten zur Hälfte um, als die Glieder
erschöpft vom Tagwerk
und nicht nur bedrückt
vom harten Ringen
körperlicher Arbeit; müde auch
vom Genuss: der auch die Sinne ermüden
muss, wenn er zu lang dauert,
auch wenn er köstlich ist;
die Natur verlagert immer Gewicht
von einer in die andere Waagschale,
verteilt verschiedene Aufgaben,
ordnet mal Nichtstun, mal Arbeit an
im treu-untreuen Takt, mit dem sie
die maßlose Weltmaschine steuert.
Als die Glieder so

Sueño dulce los miembros ocupados,
Quedaron los sentidos
De el que exercicio tienen ordinario
(Trabajo en fin; pero trabajo amado,
Si ay amable trabajo)
Si privados no, al menos suspendidos:
Y cediendo al retrato del contrario
De la vida, que lentamente armado
Cobarde embiste, y vence perezoso
Con armas soñolientas,
Desde el Cayado humilde al Cetro altivo,
Sin que aya distinctivo,
Que el Sayal de la Purpura discierna;
Pues su nivel, en todo poderoso,
Gradua por essemptas
A ningunas personas,
Desde la de à quien, tres forman Coronas
Soberana Tyara,
Hasta la que pagiza vive choza,
Desde la que el Danubio vndoso dora,
A la que Junco humilde, humilde mora:
Y con siempre igual vara
(Como en efecto imagen poderosa
De la Muerte) Morfeo
El sayal mide igual con el brocado.
El Alma pues suspensa
Del exterior govierno, en que ocupada,
En material empleo,
O bien, ò mal da el dia por gastado,
Solamente dispensa,
Remota; si del todo separada
No, à los de muerte temporal opressos,
Languidos miembros, sossegados huessos,
Los gaxes del calor vegetativo:

von süßem Schlaf gebogen lagen,
ließen auch die Sinne
ihre tägliche Übung sein
(Arbeit, schließlich; aber geliebte Arbeit,
wenn es liebe Arbeit gibt)
waren nicht entlassen, machten aber Pause,
wichen wie ohnmächtig dem Gegengesicht
des Lebens, das, sich langsam wappnend,
feige angreift, und träge jeden schlägt
mit schläfrigen Waffen,
vom simplen Hirtenstab zum teuren Zepter,
und keinen Unterschied sieht
zwischen Kittel und Purpur;
weil der Stand (des Schlafs), in allem überlegen,
verleiht keiner Person
einen bestimmten Rang
nicht wer aus 3 Kronen geformt eine
große Tiara trägt,
noch wer elend in einer Strohhütte lebt,
oder über dem Glitzer der Donau thront
oder simple Binsen bewohnt:
Mit immer gleicher Gerte
(auch ein mächtiges
Bild des Todes) misst Morpheus
Kittel gleich wie Brokat.
Die Seele war endlich
frei vom Außenamt, wo sie sonst
dem Leibdienst nachging und
gut oder schlecht ihre Tage ablief,
gewährte nur mehr
von fern, ganz abgelöst noch
nicht, den matten Gliedern, die schwer vom kurzen
Tod waren, deren Knochen still lagen,
ihr Einkommen an Lebenswärme:

El cuerpo siendo, en sossegada calma,
Vn cadaver con Alma,
Muerto à la vida, y à la muerte vivo,
De lo segundo dando tardas señas
El del Relox humano
Vital Volante, que si no con mano,
Con arterial concierto, vnas pequeñas
Muestras, pulsando, manifiesta lento
De su bien regulado movimiento.
Este pues miembro Rey, y centro vivo
De espiritus vitales,
Con su asociado, respirante fuelle,
Pulmon, que Imàn del viento es atractivo,
Que en movimientos, nunca desiguales,
O componiendo ya, ò ya dilatando,
El musculoso, claro arcaduz, blando,
Haze, que en èl resuelle,
El que le circunscrive fresco ambiente
Que impèle ya caliente,
Y èl venga su expulsion, haziendo activo
Pequeños robos al calor nativo,
Algun tiempo llorados,
Nunca recuperados,
Si aora no sentidos de su dueño:
Que repetido no ay robo pequeño.
Estos pues de mayor (como ya digo)
Excepcion, vno, y otro fiel testigo,
La vida asseguraban,
Mientras con mudas vozes impugnaban
La informacion callados los sentidos,
Con no replicar solo defendidos,
Y la lengua, que torpe enmudecia,
Con no poder hablar, los desmentia:
Y aquella del calor mas competente

Der Körper war in dieser ruhigen Stille
ein Seelenkadaver:
tot im Leben und im Tod am Leben,
vom letzten gab die Menschenuhr
sekündlich träge Zeichen,
ein vitales Steuerrad, das, zwar ohne Zeiger,
doch arterienpochend kleine
Stichproben gab, pulsierte, und kontinuierlich
seinen Regelbetrieb bewies.
Das Herz, na, Königsorgan und
Lebensgeisterzentrum,
vereint mit seinem Atem-Blasebalg
der Lunge, diesem Magneten, der Wind anzieht
in nie ungleichen Bewegungen
sich mal zusammenzieht, dann sich wieder ausdehnt
deren helles, muskelweiches Rohrsystem[11]
ständig frische Luft
einschnauft, die sie umgibt und die sie
gleich in Form von Wärme wieder abgibt,
worauf die Luft sich rächt für ihren Ausstoß und
in kleinen Delikten sich Wärme zurückstiehlt,
nur kurz bedauert
nie wieder eingeholt,
wenn auch vom Wirt noch unbemerkt:
doch, passiert es oft, auch keine Bagatelle mehr.
Die beiden Organe waren (wie gesagt)
treue, glaubwürdige Zeugen,
erhielten so das Leben,
solange schweigend und mit stummer Stimme
die Sinne ihre Aussage verweigerten,
sich verteidigten mit Nichtabstreiten,
solange die Zunge dumpf verstummte
und wortlos Widerspruch erhob.
Und das auf Wärme spezialisierte

Centrifica oficina,
Provida de los miembros despensera,
Que avàra nunca, y siempre diligente,
Ni à la parte prefiere mas vezina,
Ni olvida à la remota,
Y en ajustado natural quadrante
Las quantidades nota,
Que à cada qual tocarle considera
Del que alambicò chilo el incessante
Calor, en el manjar, que medianero
Piadoso entre èl, y el humedo, interpuso
Su inocente substancia,
Pagando por entero
La que ya piedad sea, ò ya arrogancia,
Al contrario voraz necio la expuso:
Merecido castigo (aunque se escuse),
Al que en pendencia agena se introduce.
Esta pues, si no fragua de Vulcano,
Templada hoguera del calor humano,
Al cerebro embiaba
Humedos, mas tan claros los vapores
De los atemperados quatro humores,
Que con ellos, no solo no empañaba
Los Simulacros, que la Estimativa
Diò à la Imaginativa,
Y aquesta, por custodia mas segura,
En forma ya mas pura,
Entregò à la Memoria, que oficiosa
Gravò tenaz, y guarda cuydadosa;
Sino que daban à la Fantasia
Lugar, de que formasse
Imagenes diversas; y del modo,
Que en tersa superficie, que de Faro,
Cristalino portento, assylo raro

Laboratorium[12] im Zentrum ist
brav den Organen Speisekammer,
nie knausrig, immer selbstlos,
zieht nicht Nächste vor
noch vergisst es die Entfernten,
und nach dem Naturregister
teilt es je die nötigen Mengen ein,
die jedes Körperteil braucht
vom Chylus, den ständige Hitze aus Speise
destilliert, die Speise schiebt sich treuherzig
als Mittlerin zwischen Feuchtes und Warmes,
zahlt in harmlos breiiger Substanz
ihren Preis und,
ob aus Mitleid oder Überheblichkeit
löst sich töricht auf im gefräßigen Gegner:
Verdiente Strafe (wenn auch verzeihlich,
für einen, der sich in fremde Belange mischt).
Das Labor war zwar nicht Vulkans Schmiede,
eher ein lauer Kessel aus Menschenwärme
und schickte ans Gehirn
jetzt feuchte, aber sehr klare Dämpfe
der vier dringenden Säfte,
von denen nicht nur die Trugbilder
beschlugen, sondern die der Verstand
gleich an die Einbildungskraft übergab
die sie zur sicheren Verwahrung,
schon in nackterer Gestalt,
ans Gedächtnis weiterreichte, das sie geschäftig
dauernd speicherte und besonnen bei sich behielt;
wo die Dämpfe der Fantasie
Raum ließen, unfeste
Bilder zu formen; und wie
auf glatter Oberfläche am kristallinen
Wunder von Pharos, das seltsam Obdach

Fue, en distancia longissima se vian
(Sin que esta le estorvasse)
Del Reyno casi de Neptuno todo,
Las que distantes le surcaban Naves,
Viendose claramente
En su azogada Luna,
El numero, el tamaño, y la fortuna,
Que en la instable campaña, transparente
Arresgadas tenian,
Mientras aguas, y vientos dividian
Sus velas leves, y sus quillas graves:
Assi ella sossegada, iba copiando
Las Imagenes todas de las cosas,
Y el pincel invisible iba formando
De mentales, sin luz, siempre vistosas
Colores, las figuras,
No solo ya de todas las criaturas
Sublunares; mas aun tambien de aquellas,
Que intelectuales, claras son Estrellas,
Y en el modo possible,
Que concebirse puede lo invisible,
En si mañosa las representaba,
Y al Alma las mostraba,
La qual, en tanto, toda convertida
A su immaterial ser, y essencia bella,
Aquella contemplaba
Participada de alto ser centella,
Que con similitud en si gozaba:
Y juzgandose casi dividida
De aquella, que impedida
Siempre la tiene, corporal cadena,
Que grossera embaraza, y torpe impide
El buelo intelectual, con que ya mide
La quantidad immensa de la Esphera;

war in weiter Distanz, sah man
(ohne, dass es die Sicht störte)
Schiffe, die quasi Neptuns ganzes Reich
in der Ferne durchfurchten,
sah sie deutlich spiegeln
im Quecksilbermond
erkannte ihre Anzahl, Größe und ihr Los
und sah, was sie auf dem instabilen Glasfeld
riskiert hatten,
als leichte Segel und schwerer Kiel
Wasser und Winde teilten:
So kopierte die Fantasie gelassen
die Bilder aller Dinge
und ihr unsichtbarer Pinsel zog die Formen
nach in geistigen, lichtlosen, schillernden
Farben, die Gestalten,
nicht nur sublunarer Kreaturen,
nein, auch derer, die
hell Gedankensterne sind im Verstand,
und soweit man vielleicht
Unsichtbares greifen kann,
stellte sie es flink in sich dar
und zeigte es der Seele,
jetzt ganz verwandelt
in körperloses Sein und schönen Inbegriff
die jetzt betrachtete
Funken, geteilt vom Höheren Sein,
die sie genoss in Ähnlichkeit an sich:
Und sie fand sich fast getrennt
von denen, die sie
immer hielten, ihren Körperketten,
die sie fesselten, ungelenk und plump
am Gedankenflug hinderten, mit dem sie
mal die Summe der Sphären maß;

Ya el curso considera
Regular, con que giran desiguales
Los cuerpos Celestiales:
Culpa si grave, merecida pena,
Torcedor del sossiego riguroso
De estudio vanamente judicioso:
Puesta (à su parecer) en la eminente
Cumbre de vn monte, à quien el mismo Atlante,
Que preside Gigante
A los demàs, Enano obedecia,
Y Olimpo, cuya sossegada frente,
Nunca, de Aura agitada,
Consintiò ser violada,
Aun falda suya ser no merecia;
Pues las nubes, que opaca son Corona
De la mas elevada corpulencia,
Del Volcan mas sobervio, que en la tierra,
Gigante erguido, intima al Cielo guerra,
Apenas, densa Zona
De su altiva eminencia,
O à su basta cintura
Cingulo tosco son, que mal ceñido,
O el viento lo desata sacudido,
O vezino el calor del Sol lo apura
A la region primera de su altura;
Infima parte, digo, dividiendo
En tres su continuado cuerpo horrendo,
El rapido no pudo, el veloz buelo
Del Aguila (que puntas haze al Cielo,
Y al Sol bebe los rayos, pretendiendo
Entre sus luzes colocar su nido)
Llegar; bien que esforçando
Mas que nunca el impulso, ya batiendo
Las dos plumadas velas; ya peynando

mal die gewohnte Bahn erwog,
in der immer ungleich
die Himmelskörper kreisen:
verdiente Strafe auf so schwere Schuld,
Verdreherin der Spindelstille
durch sinnloses Vernunftstudium:
Die Seele steht jetzt (scheinbar) auf dem Gipfel
eines hohen Bergs, vor dem sogar Atlas,
der Riese, der über Berge
herrscht, als Zwerg gehorcht
von dem Olymps so ruhige Stirn
die sonst kein Lüftchen reizt
sich jetzt verletzen lässt,
im Grunde unwürdig, sein Rockzipfel zu sein;
also die Wolken bildeten opake Kronen
um die gewaltigste Körpermasse
des prallsten Vulkans, hochmütigster aller Riesen
auf Erden, fordert den Himmel zum Kampf,
waren nur dichtes Gebiet
um seine geschwollenen Würden
waren den fetten Taillen
krudes Zingulum, das, schlecht
gebunden, der Wind rasch im Rütteln trennt
oder nahe Sonne mit Hitze versengt,
nichtmal bis zum ersten First des Bergs;
zum untersten Teil, mein ich, teilt man
den massigen Körper in 3,
schaffte es der Eilflug
des Adlers (der Himmel punktiert
und von der Sonne die Strahlen trinkt, der versucht
zwischen Lichtern sein Nest zu bauen),
wie er sich auch anstrengt
wie er mit immer härteren Stößen
die 2 Federsegel schwingt; wie er Luft

Con las garras el ayre, ha pretendido,
Texiendo de los atomos escalas,
Que su immunidad rompan sus dos alas.
Las Piramides dos, ostentaciones
de Memphis vano, y de la Architectura
Vltimo esmero, si ya no pendones
Fixos, no tremolantes, cuya altura,
Coronada de barbaros trofeos,
Tumba, y Vandera fue à los Ptholomeos,
Que al viento, que à las nubes publicaba,
Si ya tambien al Cielo no dezia,
De su grande, su siempre vencedora
Ciudad, ya Cayro aora,
Las que, porque à su copia emmudecia,
La Fama, no cantaba
Gitanas glorias, Memphicas proëzas,
Aun en el viento, aun en el Cielo impressas.
Estas, que en nivelada Simetria
Su estatura crecia,
Con tal diminucion, con arte tanto,
Que quanto mas al Cielo caminaba,
A la vista, que Lince la miraba,
Entre los vientos se desparecia,
Sin permitir mirar la sutil punta,
Que al primer Orbe finge, que se junta,
Hasta que fatigada del espanto,
No descendida, sino despeñada
Se hallaba al pie de la espaciosa basa,
Tarde, ò mal recobrada
De el desvanecimiento,
Que pena fue no escasa
Del visual, alado atrevimiento,
Cuyos cuerpos opacos,
No al Sol opuestos; antes avenidos

durchkämmt mit den Klauen, und versucht,
Leitern zu spinnen aus Atomen, damit
die 2 Flügel in Freiheit brechen.
Die 2 Pyramiden, Eitel-Prahlerei
aus Memphis, in Baukunst der letzte
Schrei, standen fast wie Siegesbanner,
steinestarr und ungeschwungen, die Höhe
gekrönt von Barbarenbeute,
Grab und Fahne waren sie den Ptolemäern
riefen in Wind und Wolken,
wenn nicht gleich in Himmel,
wie groß, wie siegreich
ihre Stadt war, die jetzt Kairo heißt,
die beiden ließen jede Kopie verstummen
und Fama besang nicht
ihre Schwindelhöhe, Memphis' Meisterstücke,
auch wenn sie geritzt in Himmel und Wind.
Die Pyramiden, in so inniger Symmetrie
wuchs ihre Statur
so kunstvoll spitzten sie sich nach oben zu,
dass sie, je höher sie in Himmel jagten,
dem Blick, der wie ein Luchs nach ihnen spähte,
zwischen den Winden entschwanden,
ohne die feinen Spitzen sehen zu lassen,
die taten als rückten sie zur ersten Sphäre vor,
bis der Blick erschöpft war von dem Schwindel,
nicht abstieg, eher stürzte, hinfiel,
sich bewusstlos wiederfand am dicken Sockel
und sich erst spät und schwer erholte
vom Schwinden aller Sinne,
keine knappe Strafe
für den Sichtflugangriff,
ihre opaken Pyramidenkörper,
nicht gegen die Sonne gewandt, eher einig

Con sus luzes, si no confederados
Con èl, como en efecto confinantes,
Tan del todo bañados
De su resplandor eran, que lucidos,
Nunca de calorosos caminantes
Al fatigado aliento, à los pies flacos
Ofrecieron alfombra,
Aun de pequeña, aun de señal de sombra.
Estas, que glorias ya sean Gitanas,
O elaciones profanas,
Barbaros hieroglificos de ciego
Error (segun el Griego
Ciego tambien dulcissimo Poëta,
Si ya por las que escrive
Achileyas Proëzas,
O Marciales, de Vlises, sutilezas,
La vnion no le recibe
De los Historiadores, ò le aceta,
Quando entre su Cathalogo le cuente,
Que gloria mas, que numero le aumente,
De cuya dulce serie numerosa
Fuera mas facil cosa
Al temido Tonante
El Rayo fulminante
Quitar, ò la pesada
A Alcides Clava errada,
Que vn hemistichio solo,
De los que le dictò propicio Apolo)
Segun de Homero, digo, la sentencia,
Las Piramides fueron materiales
Typos solo, señales exteriores
De las que dimensiones interiores,
Especies son del Alma intencionales:
Que como sube en piramidal punta

mit ihren Lichtern, ja fast Verbündete
mit ihr, eigentlich wie Nachbarn,
waren ganz gebadet
in ihren Glanz, dass sie, licht,
nie den heißgelaufenen Passanten
mit ihrem müden Atem und den platten Füßen
einen Dunkelteppich boten,
nichtmal den kleinsten, nichtmal eine Spur von Schatten.
Die Pyramiden, schwindelnder Ruhm
oder profaner Jubel
rohe Hieroglyphen in blinder
Verirrung (laut dem blinden
Griechen, selbst süßer Dichter
der, trotzdem er
Achills Leistung und
Odysseus' Kriegslist beschrieb –,
vom Chronistenverband nicht
aufgenommen wurde bzw. nur geduldet,
wenn im Verzeichnis gezählt, um ihren
Ruhm zu frisieren, nicht die Mitgliederliste,
bei so vielen süßen Versreihen
könnte man eher
dem groben Donnerer
den sengenden Pfeil
oder Herakles
die schwere Eisenkeule entreißen
als Homer einen einzigen Halbvers,
der ihm eifrig diktiert wurde von Apollo),
von Homer, glaube ich, stammt auch das Urteil,
Pyramiden seien nur materielles
Muster, seien äußere Zeichen
innerer Dimensionen,
vom zielgenauen Wesen einer Seele:
Denn wie pyramidenspitz und gierig

Al Cielo la ambiciosa llama ardiente:
Assi la humana mente
Su figura trassumpta,
Y à la Causa primera siempre aspira,
Centrico punto, donde recta tira
La linea; si ya no circunferencia,
Que contiene infinita toda essencia.
Estos pues montes dos artificiales,
(Bien maravillas, bien milagros sean)
Y aun aquella blasfema, altiva torre,
De quien oy dolorosas son señales,
No en piedras, sino en lenguas desiguales,
Porque voraz el tiempo no las borre,
Los idiomas diversos, que escasean
El sociable trato de las gentes,
Haziendo, que parezcan diferentes,
Los que vnos hizo la naturaleza,
De la lengua, por solo la estrañeza;
Si fueran comparados
A la mental Piramide elevada,
Donde (sin saber como) colocada
El Alma se mirò, tan atrassados
Se hallaran, que qualquiera
Graduara su cima por Esphera;
Pues su ambicioso anhelo,
Haziendo cumbre de su proprio buelo
En la mas eminente,
La encumbrò, parte de su propria mente,
De si tan remontada, que creía,
Que à otra nueva region de si salia,
En cuya casi elevacion immensa
Gozosa; mas suspensa;
Suspensa; pero vfana,
Y atonita, aunque vfana, la suprema

rasende Flammen in Himmel stoßen:
So kopiert das Denken
des Menschen diese Gestalt,
will immer nach dem ersten Grund,
zum Mittelpunkt, auf den die Geraden
schießen; vielleicht sogar ein Kreis sein
(Unendlichkeit), der alles Sosein umfasst.
Diese 2 künstlichen Berge
(seien sie Weltwunder, seien sie Magie)
und auch der hohe Lästerturm,[13]
der bis heute Schmerzgesten sendet,
nicht in Steinen, sondern in Sprachen ungleich,
dass die gefräßige Zeit sie nicht schlucke,
die verschiedenen Sprachen, die das
Zusammensein von Leuten selten
machen, da sie anders aussehen lassen,
was von Natur aus sich gleicht,
in Sprache, nur wegen einem Gefühl von Fremdheit;
vergliche man die genannten 3
mit der mentalen Pyramide,
wo (ohne zu wissen, wie) die Seele
sich jäh stehen sah, wirkten die andern
wie abgeschlagen, erlebte jeder
ihre Höhe allein als Himmelssphäre;
denn ihr verbissenes Sehnen
war dem eigenen Flug der Gipfel
ragte am absoluten Höhepunkt
des eignen Geistes auf,
so überwunden von sich selbst, dass sie dachte,
sie mache sich in neue Außer-Sich-Regionen auf,
in scheinbar endloser Steigerung,
lustvoll, aber schwebend;
schwebend, doch eingebildet
und sprachlos, wenn auch eingebildet, stellte

De lo sublunar Reyna Soberana,
La vista perspicaz, libre de antojos,
De sus intelectuales bellos ojos
Sin que distancia tema,
Ni de obstaculo opaco se rezele
De que interpuesto algun objecto zele,
Libre tendiò por todo lo criado,
Cuyo immenso agregado,
Cumulo incomprehensible,
Aunque à la vista quiso manifiesto
Dar señas de possible;
A la comprehension no, que entorpezida
Con la sobra de objetos, y excedida
De la grandeza de ellos su potencia,
Retrocediò cobarde,
Tanto no del osado presupuesto
Revocò la intencion arrepentida,
La vista, que intentò descomedida
En vano hazer alarde
Contra objecto, que excede en excelencia
Las lineas visuales;
Contra el Sol digo, cuerpo luminoso,
Cuyos rayos castigo son fogoso,
Que fuerças desiguales
Despreciando, castigan rayo à rayo
El confiado, antes atrevido,
Y ya llorado ensayo,
Necia experiencia, que costosa tanto
Fue, que Icaro ya su proprio llanto
Lo anegò enternecido,
Como el entendimiento aqui vencido,
No menos de la immensa muchedumbre
De tanta machinosa pesadumbre
De diversas especies conglobado,

die Königin des Sublunaren[14] ihren
Blick scharf, frei von Gelüsten
ließ ihre schönen geistigen Augen schweifen,
ohne die Ferne zu fürchten
oder anderem Opaken zu misstrauen
die beide auf ihre Art Objekte verstecken,
ließ den Blick frei über die Schöpfung schweifen,
deren immense Mischungen,
unbegreifliche Haufen
obwohl sie dem Blick sich zeigen wollten
Zeichen des Möglichen geben,
aber dem Begriffsvermögen nicht, das stumpfte
ab vom Überfluss an Dingen, sein Vermögen
war ganz abgeschlagen von der Menge,
zog sich feig zurück,
der Blick sah nun nicht kleinlaut
von seiner Absicht ab,
versuchte eher stur, sich
sinnlos weiter aufzublähen
gegen das Objekt, das ihn an Glanz weit übertraf
und an Sehvermögen;
gegen die Sonne, meine ich, den Glanzkörper,
dessen Strahlen zur Strafe
schwächere Kräfte blenden
die bitter Strahl um Strahl am Selbst-
gefallen Rache nimmt, kaum gewagt,
schon wieder bereutes Unterfangen,
dumme Erfahrung, kostete so viel
dass Ikarus im eigenen Weinen
ganz aufgelöst ertrank,
wie der Verstand hier zurückwich, wirr
erschlagen vom Tumult der Dinge, ganz irr
von der riesigen Maschine
diverser zu Vielfach-

Espherico compuesto,
Que de las qualidades
De cada qual cedió tan assombrado,
Que entre la copia puesto,
Pobre con ella en las neutralidades
De vn mar de assombros, la eleccion confusa,
Equivoco las ondas zozobraba,
Y por mirarlo todo, nada via,
Ni discernir podia
Bota la facultad intelectiva,
En tanta, tan difusa,
Incomprehensible especie, que miraba
Desde el vn exe, en que librada estriva
La machina voluble de la Esphera
Al contrapuesto Polo,
Las partes ya no solo,
Que al Vniverso todo considera
Serle perficionantes,
A su ornato no mas pertenecientes;
Mas ni aun las que ignorantes
Miembros son de su cuerpo dilatado,
Proporcionadamente competentes:
Mas como al que ha vsurpado
Diuturna obscuridad de los objectos
Visibles los colores,
Si subitos le assaltan resplandores,
Con la sobra de luz queda mas ciego:
Que el excesso contrarios haze efectos,
En la torpe potencia, que la lumbre
Del Sol admitir luego
No puede por la falta de costumbre,
Y à la tiniebla misma, que antes era
Tenebroso à la vista impedimento,
De los agravios de la luz apela,

sphären geballter Arten
vor so vielen Einzelarten
trat er den Rückzug an, so staunend,
dass, vor die Fülle gestellt,
arm die Auswahl im wertfreien
Meer aus Staunen kenterte,
konfus, irrig, in den Wellen,
und, alles betrachtend, sah er nichts,
konnte nichts unterscheiden,
sein Urteil prallte auf
so viele, so diffuse
unfassbare Arten, die er anschaute
in der Welten-Schwebe-Achse
am Sphären-Apparat, am Ziffernblatt,
von einem Pol zum andern,
zwischen den Teilen wandernd,
nicht nur, die das All offenbar
perfektionieren
im reinen Verzieren, sondern auch
zwischen elementaren Gliedern, die
den langgestreckten Alles-Körper
in tauglichen Proportionen tragen:
Aber wie einer, dem lange Dunkelheit
den erkennbaren Dingen
jede Farbe entrissen hat
wie einer, den Glanz so angreift
dass er im grellen Licht fast noch blinder wirkt:
ja, weil Exzess bringt entgegnende Effekte,
bei tapsender Sehkraft, die zu viel Glut
der Sonne nicht ertragen
kann, weil ihr Gewohnheit fehlt,
und in der Finsternis, die vorher noch
dem Blick Hindernis und düster war,
sucht er vor Lichtqualen jetzt

Y vna vez, y otra con la mano zela
De los debiles ojos deslumbrados
Los rayos bacilantes,
Sirviendo ya piadosa medianera
La sombra de instrumento,
Para que recobrados
Por grados se habiliten:
Porque despues constantes
Su operacion mas firmes exerciten:
Recurso natural, innata ciencia,
Que confirmada ya de la experiencia,
Maestro quizà mudo,
Retorico exemplar inducir pudo
A vno y otro Galeno,
Para que del mortifero veneno,
En bien proporcionadas quantidades,
Escrupulosamente regulando
Las ocultas nocivas qualidades;
Ya por sobrado excesso
De calidas, ò frias;
O ya por ignoradas sympathias,
O antypathias, con que ván obrando
Las causas naturales su progresso,
A la admiracion dando suspendida
Efecto cierto en causa no sabida,
Con prolixo desvelo, y remirada,
Empirica atencion, examinada
En la bruta experiencia,
Por menos peligrosa,
La confeccion hizieron provechosa,
Vltimo afán de la Apolinea ciencia,
De admirable Triaca;
Que assi del mal el bien tal vez se saca;
No de otra suerte el Alma, que assombrada

Schutz und schirmt immer wieder mit
der Hand die hilflos blinden Augen ab
vor wilden Flackerstrahlen,
die Hand wird milde Trennwand, Mittlerin,
dem Schatten ein Instrument,
damit die Augen sich erholen und
nach und nach sich wieder fassen:
damit sie ihren Betrieb dann wieder
umso kräftiger aufnehmen:
Naturheilmittel, angeborene Medizin
gereicht von Erfahrung, von langer Hand
vielleicht stumme Lehrerin
aber rhetorisches Vorbild war sie,
zeigt sie doch dem ein und andern Galen,
wie man aus tödlichem Gift
die richtigen Mengen dosiert
wie man exakt die toxischen
Effekte reguliert, die sich darin verbergen,
z.B. in starkem Überschwang
von Wärme oder Kälte;
ob in geheimen Sympathien
ob in Antipathien, wie Natur-
gründe gedeihen und handeln,
was uns Staunen macht,
klare Wirkung aus unklarem Grund,
minuziös, mit Eifer und umsichtigem
Ernst der Empirie
an roher Erfahrung mit Tierversuchen gezeigt,
weil scheinbar weniger gefährlich
die zeigen, wie das Produkt gesund macht,
hehres Ziel der Medizin
des alten Theriaks;
so wird dem Bösen vielleicht doch Gutes entlockt:
wie die Augen fand jetzt die Seele

De la vista quedò de objecto tanto,
La atencion recogiò, que derramada
En diversidad tanta, aun no sabía
Recobrarse à si misma del espanto,
Que portentoso avia
Su discurso calmado,
Permitiendole apenas
De vn concepto confuso
El informe embrion, que mal formado,
Inordinado Chaos retrataba
De confusas especies, que abrazaba,
Sin orden avenidas,
Sin orden separadas,
Que quanto mas se implican convinadas,
Tanto mas se dissuelven desunidas,
De diversidad llenas,
Ciñendo con violencia lo difuso
De objecto tanto à tan pequeño vaso,
Aun al mas baxo, aun al menor, escaso.
Las velas en efecto recogidas,
Qee fiò inadvertidas
Traidor al mar, al viento ventilante,
Buscando desatento
Al mar fidelidad, constancia al viento,
Mal le hizo de su grado
En la mental orilla
Dar fondo destrozado,
Al timon roto, à la quebrada entena,
Besando arena, à arena,
De la playa el Baxel astilla, à astilla,
Donde ya recobrado
El lugar vsurpò de la carena:
Cuerda reflexa, reportado aviso
De dictamen remisso,

irritiert vom Blicken auf so viele Dinge,
erst langsam ihre Fassung wieder, die ganz verstreut
noch in der Vielfalt lag, noch nicht
genesen vom Schrecken,
der eindrucksvoll
Gedankengänge lähmte,
ihr nichtmal
den formlosen Embryo
eines konfusen Konzepts noch gönnte, ungestalt,
das dies diffuse Chaos irgend abbilden könnte,
das in unklaren Arten alles umklammerte
wirr gefügt und
wieder wirr getrennt,
und je dichter beisammen
desto weiter gespalten,
so voller Vielfalt in sich selbst,
quetschend mit Gewalt jedes so verschiedene
Objekt in so ein kleines Gefäß, dass es
dem niedrigsten, dem kleinsten, zu eng darin war.
Endlich waren die Segel eingeholt,
die nachlässig die Seele zuvor
der unsteten See und luftigen Winden
anvertraut hatte, die sich fahrig Treue
vom Meer und Dauer vom Wind versprach,
war jetzt wider Willen
an ihren geistigen Küsten
gekentert, unheimlich,
kaputt ihr Ruder, geschlagen die Rah,
küsste das Schiff Sand für Sand,
den Strand, Splitter an Splitter,
wo sie wieder zu sich kam
den Ort nahm zum Kiel-Reparieren:
Tau-Auslegen, Reflektieren, sich Kunde
einholen dem brüchigen Urteil,

Que en su operacion misma reportado;
Mas juzgò conveniente
A singular assumpto reducirse,
O separadamente
Vna por vna discurrir las cosas,
Que vienen à ceñirse,
En las que artificiosas
Dos vezes cinco son Cathegorias,
Reduccion Metaphysica, que enseña,
Los Entes concibiendo generales
En solo vnas mentales fantasias,
Donde de la materia se desdeña
El discurso abstraído,
Ciencia à formar de los vniversales,
Reparando advertido,
Con el arte, el defecto
De no poder con vn intuitivo,
Conocer acto todo lo criado;
Sino que haziendo escala, de vn concepto,
En otro, vá ascendiendo grado, à grado,
Y el, de comprehender, orden relativo
Sigue necessitado
Del, de el entendimiento
Limitado vigor, que à sucessivo
Discurso fia su aprovechamiento,
Cuyas debiles fuerças la doctrina,
Con doctos alimentos, vá esforçando,
Y el prolixo, si blando,
Continuo curso de la disciplina
Robustos le vá alientos infundiendo,
Con que mas animoso
Al palio glorioso
Del empeño mas arduo altivo aspira,
Los altos escalones ascendiendo,

die aus der eigenen Aktion sich ergab;
da hielt die Seele es für ratsam,
sich auf eine Angelegenheit zu reduzieren,
also hintereinander
eine Sache nach der andern zu begrübeln
die sich raffen lassen
zu den künstlichen aristotelischen
2 x 5 Kategorien,
metaphysische Reduktion, die lehrt,
die allgemeinen Wesenheiten zu begreifen
in rein geistigen Fantasien
in der abstrakte Gedanken
alle Materie verachten,
Wissen aus Universalien zu
bilden und mit Kunstgriff den
Mangel zu beheben, dass es
unmöglich wäre, im spontanen Drahtseilakt (jäh!)
die ganze Schöpfung zu erkennen (jäh!),
da wir Leitern brauchen, von einem Begriff
zum anderen, Stuf um Stufe uns hangelnd
wir dem Raster folgen
müssen, bedürftig, und
steiniges Verstehen
setzt in mäßiger Stärke auf Nutzung durch
erschließendes Denken,
dessen schmale Kräfte die Doktrin stärkt
mit gelehrter Kost,
und der präzise, wenn auch mürbe
machende, unablässige Gang der Disziplin
flößt dem Denken frische Kraft ein,
damit es umso beherzter
das herrliche Baldachin
des eignen Eifers anpeilt, nach mühsamer Qual
die steilen Stufen hoch und höher klettert,

En vna ya, ya en otra, cultivado,
Facultad; hasta que insensiblemente
La honrosa cumbre mira,
Termino dulce de su afán pesado
(De amarga siembra fruto al gusto grato,
Que aun à largas fatigas fue barato)
Y con planta valiente
La cima huella de su altiva frente.
De esta serie seguir mi entendimiento
El Methodo queria,
O del infimo grado
Del ser inanimado,
Menos favorecido,
Si no mas desvalido,
De la segunda causa productiva
Passar à la mas noble Hierarchia,
Que en vegetable aliento,
Primogenito es, aunque grossero,
De Themis, el primero,
Que à sus fertiles pechos maternales
Con virtud atractiva,
Los dulces apoyò manantiales
De humor terrestre, que à su nutrimento
Natural es dulcissimo alimento:
Y de quatro adornada operaciones
De contrarias acciones,
Ya atrae, ya segrega diligente
Lo que no serle juzga conveniente;
Ya lo superfluo expèle, y de la copia
La substancia mas vtil haze propria;
Y esta ya investigada,
Forma inculcar mas bella
De sentido adornada;
Y aun mas, que de sentido, de aprehensiva

erst das eine, dann das andere Fach
beackernd –, bis es unmerklich
den schmeichelnden Gipfel anschaut
den süßen Sinn allen sauren Drängens
(aus der bitteren Saat eine leckere Frucht,
billig erkauft, trotz langer Erschöpfung),
und tapfer am Gipfelstapfen
betritt das Denken schon die hohe Stirn.
Dieser Stufenstruktur wollte mein Verstand
in der Methodik jetzt folgen,
und bei der untersten beginnen,
beim unbelebten Wesen
weniger bevorzugt,
wenn auch nicht geringgeschätzt
vom zweiten produktiven Grund,
vorbei an den Wesen, schon höher in der Hierarchie,
die mit ihrem Pflanzenatem
Erstgeborene von Thetys sind, wenn auch
plump; die ersten,
die aus vollen Mutterbrüsten
heiter saugend
süße Brunnen zogen,
Erdkörpersäfte, die als Natur-
nahrung leckeres Lebensmittel sind:
Die Pflanzenwesen sind vierfach begabt,
in feindlichen Reflexen
locken an oder stoßen weg
was sie unnütz finden;
Reste werden ausgeworfen und von der
Fülle machen sie sich nur brauchbare Substanz zu eigen;
ist die Welt der Pflanze ausgeforscht,
weicht sie schöneren Gestalten,
verziert mit Sinnen, mehr noch,
der Wahrnehmung fähig,

Fuerça imaginativa,
Que justa puede ocasionar querella,
Quando afrenta no sea,
De la que mas lucida centellea
Inanimada Estrella;
Bien que sobervios brille resplandores:
Que hasta à los Astros puede superiores
Aun la menor criatura, aun la mas baxa,
Ocasionar embidia, hazer ventaja;
Y de este corporal conocimiento,
Haziendo (bien que escaso) fundamento,
Al supremo passar maravilloso
Compuesto triplicado,
De tres acordes lineas ordenado,
Y de las formas todas inferiores,
Compendio misterioso,
Visagra engazadora
De la que mas se eleva entronizada,
Naturaleza pura,
Y de la que criatura
Menos noble se vé mas abatida;
No de las cinco solas adornada
Sensibles facultades;
Mas de las interiores,
Que tres rectrices son, ennoblezida,
Que para ser Señora
De las demàs, no en vano
La adornò sabia poderosa mano,
Fin de sus obras, circulo, que cierra
La Esphera con la tierra,
Vltima perfeccion de lo criado,
Y vltimo de su Eterno Autor agrado,
En quien, con satisfecha complacencia,
Su immensa descansó magnificencia:

die Vorstellungskraft besitzen,
die natürlich Streit suchen
die sogar beleidigen
den vom schönsten Funken
leblosen Stern;
selbst wenn ihr Licht hochmütig glänzt:
auch den Gestirnen kann das kleinste
Lebewesen noch überlegen sein,
verursacht Neid, ist im Vorteil;
aus diesem Körperwissen baut
meine Seele (ein zwar mageres) Fundament
um zu gelangen zum wundersamen
3-fachen Kompositum,
aus 3 Linien oder Akkorden gebaut:
das Dunkelkompendium aller
anderen, geringeren Formen,
das Trug-Scharnier,
das zwischen höchster bloßer Natur sich
stolz zum Thron erhebt
und zwischen niederen Kreaturen
sich mutlos zu Boden beugt,
nicht nur verziert mit den
5 Künsten äußerer Sinne,
sondern veredelt noch
mit 3 Innen-Sinnen,[15] den Leitbildern,
um Herrin zu sein
über die anderen, denn nicht umsonst
hat die weise Hand dieses Wesen verziert,
dekorierte es zum Ziel der Werke, Kreis, der
Himmel und Erde einschließt;
die letzte Perfektion der ganzen Schöpfung
und höchstes Gefallen des Urhebers immerzu,
worauf, ruhte zur Zufriedenheit
die immense Pracht sich aus:

Fabrica portentosa,
Que quanto mas altiva al Cielo toca,
Sella el polvo la boca;
De quien ser pudo Imagen misteriosa
La que Aguila Evangelica, Sagrada
Vision en Patmos viò, que las Estrellas
Midiò, y el suelo con iguales huellas;
O la Estatua eminente,
Que del metal mostraba mas preciado
La rica altiva frente,
Y en el mas desechado
Material flaco, fundamento hazia,
Con que à leve baybén se deshazia:
El hombre digo en fin, mayor portento,
Que discurre el humano entendimiento,
Compendio, que absoluto
Parece al Angel, à la planta, al bruto,
Cuya altiva baxeza
Toda participò Naturaleza.
Por qué? Quizà porque, mas venturosa,
Que todas, encumbrada,
A merced de amorosa
Vnion seria. O! aunque tan repetida,
Nunca bastantemente bien sabida
Merced! pues ignorada,
En lo poco apreciada
Parece, ò en lo mal correspondida.
Estos, pues, grados discurrir queria
Vnas vezes; pero otras dissentia,
Excessivo juzgando atrevimiento
El discurrirlo todo,
Quien aun la mas pequeña,
Aun la mas facil parte no entendia
De los mas manuales

Dunkelfabrik, Wunderwerk,
je lauter es am Himmel klopft,
desto mehr Staub den Mund verstopft;
dafür mag ein Rätselbild sein
der Adler im Evangelium,
die Vision von Patmos, die Sterne
und Boden mit selbem Fuße maß;
oder die ragende Statue,
die das tollste Metall, aus dem
die Stirn war, zeigte
und im schmutzigsten
Material, in Lehm, ihr Fundament fand,
das beim kleinsten Rütteln sich schon auflöste:
den Menschen, meine ich, na, größtes Wunder
über das sich menschlicher Verstand nur wundern
kann, ein absoluter Inbegriff,
den Engeln ähnlich, der Pflanze, dem Tier,
an dessen geschwollener Niedertracht
die ganze Natur beteiligt war.
Warum? Vielleicht weil der Mensch,
glücklicher als andere, erhoben war
dank liebender
Vereinigung. Ach! zwar ein häufiger,
doch nie bemerkter
Dank! Die Vereinigung wird ignoriert
im geringen Ansehen
scheint sie zu sein, oder schlecht erwidert.
Diese Stufen wollte meine Seele oft bis
ganz nach oben gehen, dann wieder nicht,
dann schien ihr das Wagnis zu
groß, alles zu durchlaufen,
denn, wer nichtmal den kleinsten,
nichtmal den leichtesten Teil versteht
der Handgriffe und Handbücher,

Efectos naturales;
Quien de la Fuente no alcançò risueña
El ignorado modo,
Con que el curso dirige cristalino,
Deteniendo en ambages su camino,
Los horrorosos senos
De Pluton, las cavernas pavorosas
Del abismo tremendo,
Las campañas hermosas,
Los Eliseos amenos,
Thalamos ya de su triforme Esposa,
Clara pesquisidora registrando,
Vtil curiosidad, aunque prolixa,
Que de su no cobrada bella hija
Noticia cierta diò à la rubia Diosa,
Quando montes, y selvas trastornando,
Quando prados, y bosques inquiriendo,
Su vida va buscando,
Y del dolor su vida iba perdiendo;
Quien de la breve flor aun no sabìa,
Porquè eburnea figura
Circunscrive su fragil hermosura:
Mixtos por qué colores,
Confundiendo la grana en los albores,
Fragrante le son gala:
Ambares por què exhala,
Y el leve, si mas bello,
Ropage al viento explica,
Que en vna, y otra, fresca multiplica
Hija, formando pompa escarolada
De dorados perfiles cayrelada,
Que roto del capillo el blanco sello
De dulce herida de la Cypria Diosa,
Los despojos ostenta jactanciosa;

vom Wirken der Natur;
wer nichtmal die heitere Quelle[16]
versteht, ihre unbekannte Weise,
wie sie frisch den Kristalllauf lenkt
auf Umwegen lang sich aufhält
um den Raubrachen
Plutos, seine finsteren Unterweltgrotten
und dunklen Fürchteklüfte,
dann die schönen Felder
im süßen Elysium,
das Brautbett der 3-gestaltigen Gattin,[17]
als helle Spionin zu durchsuchen,
eine nützliche Neugier, wenn auch mühsam,
die der blonden Göttin[18]
über ihre geraubte Tochter treffend Auskunft
gab, die, durchforstend Wald und Berge
befragend Wiesen und Büsche,
das Leben der Tochter gesucht hatte und
aus Schmerz fast ihr eigenes verlor;
wer nichtmal von der kurzen Blüte versteht,
warum sie Elfenbein formt,
sie umschreibt in fragiler Schönheit:
warum sie Mischfarben trägt,
scharlach gerührt in morgenweiß,
warum sie sich ganz in Duft kleidet zur Gala:
warum sie Amberatem ausstößt,
und die federschönen
Kleider im Wind auslegt,
der Brise für Brise neue Falten
produziert frisch gesprossener Töchter,
deren Umriss gold und fransenverziert ist,
der Wind, wenn ein Knospensiegel bricht,
stellt dann gebläht die Innereien der süßen Wunde
der zyprischen Göttin zur Schau,

Si ya el que la colora
Candor al Alva, purpura al Aurora,
No le vsurpò, y mezclado
Purpureo es Ampo, Rosicler nevado,
Tornasol, que concita
Los que del prado aplausos solicita,
Preceptor quizà vano,
Si no exemplo profano,
De industria femenil, que el mas activo
Veneno haze dos vezes ser nocivo,
En el velo aparente,
De la que finge tez resplandeciente:
Pues si à vn objecto solo (repetia
Timido el pensamiento)
Huye el conocimiento,
Y cobarde el discurso se desvia;
Si à aspecie segregada,
Como de las demàs independiente,
Como sin relacion considerada,
Dá las espaldas el entendimiento,
y assombrado el discurso se espeluza
Del dificil certamen, que rehusa
Acometer valiente,
Porque teme cobarde
Comprehenderlo, ò mal, ò nunca, ò tarde:
Como en tan espantosa
Machina immensa discurrir pudiera?
Cuyo terrible incomportable peso,
Si ya en su centro mismo no estrivara,
De Atlante à las espaldas agoviara,
De Alcides à las fuerças excediera,
Y el que fue da la Esphera
Bastante contrapeso,
Pesada menos, menos ponderosa

wenn nicht jener, der sie färbt, selbst
das Weiß dem Morgen, das Rot den ersten
Strahlen stiehlt, die beiden Farben mischt, sodass es
Purpurflocken schneit und Morgenröte rieselt,
ein Schillern, das aufreizend
von der Wiese lauten Applaus fordert,
vielleicht ein eitler Meister,
wenn nicht einfach profanes Beispiel,
für weibliches Gewerbe, das
Gift doppelt schädlich macht,
hinter Schleiern von Schein,
und so glänzend Teint vorspielt:
Wenn also schon vor 1 einzelnen Objekt
(wiederholte sich ängstlich der Verstand)
mein Bewusstsein flieht,
mein Denken schon feige sich ablenkt;
wenn der separaten Art
von allen ungebunden,
ganz für sich allein betrachtet,
die Vernunft den Rücken kehrt
und verwirrt sich das Denken wegschleicht
im harten Kampf sich sträubt
nochmal anzugreifen
weil es mutlos fürchten muss,
schlecht zu verstehen oder nie oder zu spät:
Wie soll sich das Denken finden
in dieser immensen Weltmaschine?
Deren furchtbar unerträgliches Gewicht,
wärs nicht gestützt in der Mitte,
Atlas selbst die Schultern krümmte
Herakles' Kräfte überstiege,
der Himmelssphäre
Gegengewicht war,
wöge sie weniger, wäre sie weniger schwer

Su machina juzgara, que la empressa
De investigar à la Naturaleza.
Otras, mas esforçado
Demasiada acusaba cobardia
El Lauro antes ceder, que en la lid dura
Aver siquiera entrado;
Y al exemplar osado
Del claro Joven la atencion bolvia,
Auriga altivo del ardiente Carro:
Y el (si infeliz) bizarro
Alto impulso el espiritu encendia,
Donde el animo halla
Mas que el temor, exemplos de escarmiento,
Abiertas sendas al atrevimiento,
Que vna ya vez trilladas, no ay castigo,
Que intento baste à renovar segundo;
Segunda ambidicion digo,
Ni el Panteon profundo,
Cerulea tumba à su infeliz ceniza,
Ni el vengativo rayo fulminante
Mueve, por mas que avisa
Al animo arrogante,
Que, el vivir despreciando, determina
Su nombre eternizar en su ruina;
Typo es antes, modelo,
Exemplar pernicioso,
Que alas engendra à repetido buelo
Del animo ambicioso,
Que del mismo terror haziendo halago,
Que al valor lisongea,
Las glorias deletrea
Entre los caractères del estrago.
O el castigo jamàs se publicara,
Porque nunca el delito se intentara!

die Maschine zu betrachten, als das Geschäft,
die ganze Natur zu erforschen.
Nochmal strengte sich
mein Verstand jetzt an, ein Feigling genannt,
auf Lorbeer zu verzichten, ohne richtig in den Ring
getreten zu sein,
sah sich das Beispiel
des Lichtburschen an,
stolzer Lenker des glühenden Wagens:
der (auch wenn er scheiterte) seltsamerweise
Antrieb für andere bleibt, der viele begeisterte,
weil in ihm das Gemüt mehr findet
als Angst, die sich fürchtet vor Abreibung,
offene Trampelpfade für Wagnisse,
einmal eingetrampelt, verdienen keine Strafe mehr,
die einen zweiten Versuch verhinderte;
den zweiten Ehrgeiz, meine ich,
schreckt weder sein tiefes Grab,
himmelblaue Stätte seiner armen Asche,
noch der zischende Rachestrahl,
soviel sie doch mahnen
die überhebliche Absicht von dem,
der Leben verachtet und seinen Namen
in der Ruine unsterblich macht;
Vorbild ist er eher als Urbild,
ein erstes Beispiel des Scheiterns,
das Flügel wachsen lässt immer neuem
Flug, dem Ehrgeiz,
der aus Angst ein Schmeicheln macht,
der das Wagnis selber streichelt,
und Ruhm liest
aus Lettern der Zerstörung.
Bliebe die Strafe doch gut versteckt,
dann ahmte keiner die Tat mehr nach!

Politico silencio antes rompiera
Los autos del processo,
Circunspecto Estadista,
O en fingida ignorancia simulara,
O con secreta pena castigara
El insolente excesso,
Sin que à popular vista
El exemplar nocivo propusiera:
Que del mayor delito la malicia
Peligra en la noticia,
Contagio dilatado transcendiendo;
Que singular culpa solo siendo,
Dexara mas remota à lo ignorado
Su execucion, que no à lo escarmentado.
Mas mientras entre escollos zozobraba,
Confusa la eleccion, Syrtes tocando
De impossibles, en quantos intentaba
Rumbos seguir; no hallando
Materia, en que cebarse
El calor ya: pues su templada llama
(Llama al fin, aunque mas templada sea)
Que si, su activa emplea
Operacion, consume, si no inflama,
Sin poder escusarse,
Avia lentamente
El manjar transformado,
Propria substancia de la agena haziendo,
Y el que hervor resultaba bullicioso
De la vnion entre el humedo, y ardiente
En el maravilloso,
Natural vaso avia ya cessado,
(Faltando el medio) y consiguientemente
Los que de èl ascendiendo
Soporiferos, humedos vapores

Strategisches Schweigen tilgte
im Prozess alle Akten
vorsorglich wie Politiker,
oder vorzugeben, es wäre nichts passiert,
oder auch heimlich vermessene
Exzesse zu rächen,
ohne sie allen vor Augen
zu stellen als schlechtes Beispiel:
weil die schlimmste Tat gefährdet
ja im Zweifel, wenn die Nachricht aufheizt,
ansteckt, züngelt, sich verbreitet;
und einsame Schuld wäre es
läge ferner bei Nichtwissen,
bei leisem Vollzug, und nicht bei lauter Bestrafung.
Aber als zwischen den Klippen mein Wille
jetzt dabei war zu kentern, ganz wirr war und
Sandbänke aus Unmöglichkeiten streifte,
fand er, wie vielen Kursen er auch folgte,
keine Materie mehr, die seine Wärme
noch mästen konnte, denn die stille Flamme
(Flamme war sie schon, wenn auch sachte),
die, einmal am Werk,
alles verzehrt oder in Brand setzt
unweigerlicherweise
wandelte sie also leise
jede fremde Speise
in ureigene Substanz;
und das unruhige Brodeln
der Mixtur aus Feuchtem und aus Feurigem,[19]
im wundersamen
Naturgefäß war schon wieder ruhig
(weil das Mittel fehlte) und so
verstopften die hochsteigenden
Dämpfe, die sonst Schlafmittel waren,

El trono racional embarazaban,
Desde donde à los miembros derramaban
Dulce entorpecimiento,
A los suaves ardores
Del calor consumidos,
Las cadenas del sueño desataban,
Y la falta sintiendo de alimento
Los miembros extenuados,
Del descanso cansados,
Ni del todo despiertos, ni dormidos,
Muestras de apetecer el movimiento,
Con tardos esperezos,
Ya daban, estendiendo
Los nervios, poco, à poco entumecidos,
Y los cansados huessos,
Aun sin entero arbitrio de su dueño,
Bolviendo al otro lado,
A cobrar empezaron los sentidos,
Dulcemente impedidos
Del natural Veleño,
Su operacion, los ojos entreabriendo,
Y del cerebro, ya desocupado,
Los Fantasmas huyeron,
Y como de vapor leve formada
En facil humo, en viento convertida
su forma resolvieron:
Assi linterna Magica pintadas
Representa fingidas
En la blanca pared varias figuras,
De la sombra no menos ayudada,
Que de la luz, que en tremulos reflexos,
Los competentes lexos
Guardando de la docta Perspectiva,
En sus ciertas mensuras,

den Thron der Vernunft,
von wo aus an die Glieder sie
köstliche Trägheit gossen,
vom schwachen Flackern
der Wärme verzehrt, schnitten die Dämpfe die
Traumfesseln los, lösten die Stricke des Schlafs,
und schnell merkten das Ausbleiben der Nahrung
die erschöpften Glieder
und müde vom Ausruhen
nicht ganz wach noch ganz am Schlafen,
gaben sie schon erste Lebenszeichen, aus Lust, sich
zu bewegen, streckten sich erst zögerlich
dehnten dann nach und nach
ihre pelzigen Nerven
und kraftlosen Knochen, noch
ohne echten Schiedsspruch ihres Wirts
drehten sich erst noch zur anderen Seite,
dann nahmen die Sinne langsam wieder,
vorher süß gehindert
vom Naturgift, schwarzem Bilsenkraut,
ihre Arbeit auf und öffneten die Augen,
und vom jetzt unbesetzten Hirn
flohen die Gespenster
wie von Dampf geformt
gewandelt sanft in Rauch, in Wind,
lösten ganz ihre Form auf:
Wie die Laterna Magica, die malt
und flackernd Gestalten
an der weißen Wand darstellt,
wo Schatten ihr nicht minder assistiert
als Licht: da hält sie bebend Reflexe
und passenden Abstand
ein, aus geübter Perspektive
nach richtigen Messungen

De varias experiencias aprobadas,
La sombra fugitiva,
Que en el mismo esplendor se desvanece,
Cuerpo finge formado,
De todas dimensiones adornado,
Quando aun ser superficie no merece.
En tanto el Padre de la Luz ardiente,
De acercarse al Oriente,
Ya el termino prefixo conocia,
Y à el Antipoda opuesto despedia
Con transmontantes rayos,
Que de su luz, en tremulos desmayos,
En el punto haze mismo su Occidente,
Que nuestro Oriente ilustra luminoso;
Pero de Venus antes el hermoso,
Apacible Luzero
Rompiò el albor primero,
Y del viejo Titan la bella Esposa,
Amazona de luzes mil vestida,
Contra la noche, armada,
Hermosa, si atrevida,
Valiente, aunque llorosa,
Su frente mostrò hermosa,
De matutinas luzes coronada,
Aunque tierno preludio, ya animoso,
Del Planeta fogoso,
Que venia las Tropas reclutando
De bisoñas vislumbres,
Las mas robustas veteranas lumbres,
Para la retaguardia reservando,
Contra la que tirana Vsurpadora
Del Imperio del dia,
Negro Laurel de sombras mil ceñia,
Y con nocturno Cetro pavoroso,

in vielen Versuchen gezeigt
sind diese flüchtigen Schatten,
die beim ersten Glanz des Tags verwehen,
die nur vorgeben, Körper zu sein
dreidimensional geschmückt,
die nichtmal verdienen, ein Oberflächen-Ding zu sein.
Derweil kam züngelnd der Sonnenvater
dem Osten wieder näher,
sah schon den Aufgang kommen
nahm Abschied von der Antipode
gegenüber, mit Strahlen über Bergen,
wo sein Licht flackerte, wo er
Ohnmächte schürte, wurde Westen,
wo uns längst Osten war;
aber zuerst brach die schöne Venus
Rosenstern
durch das frühe Morgengrau
und Thitons, des Alten, junge Frau,[20]
die Amazone, in tausend Lichter gehüllt,
lief bewaffnet gegen die Nacht,
so schön, wenn auch waghalsig,
so mutig, aber melancholisch,
hob sie ihre schöne Stirn
gekrönt mit Morgenblitzen
war sanftes, stolzes Präludium
des Feuerplaneten,
der schon seine Schimmertruppen
als Vorhut rekrutierte,
aber noch die nervenstärksten Gluten
als Nachhut einbehielt,
im Kampf gegen die Tyrannin, Thronräuberin
des Tagimperiums,
setzte sie dunkel ihren Lorbeer aus tausend Schatten-
blättern auf und mit entsetzlichem Nachtzepter

Las sombras governaba,
De quien aun ella misma se espantaba;
Pero apenas la bella Precursora
Signifera del Sol, el luminoso
En el Oriente, tremolò Estandarte,
Tocando al arma todos los suaves,
Si belicos Clarines de las Aves,
Diestros (aunque sin arte)
Trompetas sonorosos,
Quando (como tirana al fin) cobarde
De rezelos medrosos
Embarazada; bien que hazer alarde
Intentò de sus fuerças, oponiendo
De su funesta capa los reparos,
Breves en ella, de los tajos claros
Heridas recibiendo;
Bien, que mal satisfecho su denuedo,
Pretexto mal formado fue del miedo,
Su debil resistencia conociendo,
A la fuga ya casi cometiendo,
Mas que à la fuerça, el medio de salvarse,
Ronca tocò bozina
A recoger los negros Esquadrones,
Para poder en orden retirarse,
Quando de mas vezina
Plenitud de reflexos fue assaltada,
Que la punta rayò mas encumbrada
De los del mundo erguidos Torreones.
Llegò en efecto el Sol, cerrando el gyro,
Que esculpiò de oro sobre azul Zafiro,
De mil multiplicados,
Mil vezes puntos, fluxos mil dorados:
Lineas digo de luz clara salian
De su circunferencia luminosa,

regierte sie die Schattenwesen,
vor denen sie selbst erbleichte;
aber kaum hielt die schöne Vorbotin
und Signifera der Sonne ihre helle
Morgenflagge in die Luft, ihr Lichttremolo,
kaum bliesen mit sanften
Hörnern die Vögel zum Krieg,
fingerfertig (wenn auch ohne Kunst)
in die sonoren Trompeten,
als die Nacht (typisch Tyrannin) ganz feige,
ganz beklemmt von Angst und
Argwohn, wenn auch weiter prahlend,
mit ihren Streitkräften
sich schützte im düstren Umhang
gegen die hellen Lichtschnitte, die
ihr Wunden gruben;
gut, wenn auch ihr Mut nicht zufrieden war
ein schlechter Vorwand der Angst,
kannte sie ihren schwachen Widerstand
suchte jetzt mehr in der Flucht
als in neuem Angriff die Rettung,
und heiser rief sie mit dem Horn
ihre Nachtschwadronen
in Reih und Glied zum Rückzug,
als sie plötzlich ein zu naher
Stoß von scharfem Licht anfiel
das schon begann, am höchsten Turm
der Welt zu kratzen.
Jetzt kam wirklich die Sonne wieder und schloss ihren
Kreis, der Gold in Saphirblau schnitzte:
und tausendfach multiplizierte,
tausende Punkte und tausend goldene Ströme:
Linien, meine ich, aus hellem Licht, schossen
aus ihrem blendenden Umkreis,

Pautando al Cielo la cerulea Plana,
Y à la que antes funesta fue tirana
De su Imperio atropadas embestian,
Que sin concierto huyendo presurosa,
En sus mismos horrores tropezando,
Su sombra iba pisando,
Y llegar al Ocaso pretendia,
Con el (sin orden ya) desbaratado
Exercito de sombras acosado
De la luz, que el alcançe le seguia.
Consiguiò al fin la vista del Ocaso
El fugitivo passo,
Y en su mismo despeño recobrada,
Esforçando el aliento en la ruina,
En la mitad del globo, que ha dexado
El Sol desamparado,
Segunda vez rebelde determina
Mirarse coronada,
Mientras nuestro Hemispherio la dorada,
Ilustraba del Sol madexa hermosa,
Que con luz judiciosa
De orden distributivo, repartiendo
A las cosas visibles sus colores
Iba, y restituyendo
Entera à los sentidos exteriores
Su operacion, quedando à luz mas cierta
El mundo iluminado, y yo despierta.

linierten den Himmel mit Bleiweiß
und die finstre Tyrannin des Nachtreichs
wurde jetzt angefallen von Lichtscharen:
Sie musste hastig, dissonant fliehen und
– stolperte über ihr eignes Grauen –
den eigenen Schatten zertrampelnd,
versuchte sie, den Abend zu erreichen
mit ihrem (wirr) versprengten
Schattenheer, zügellos gehetzt vom
Licht, das sie mit grellen Lanzen jagte.
Endlich kam der fliehende Schwarmschritt
an die Zinnen des Abends
und, halb im Stürzen die Schatten,
zu neuer Puste in Ruinen gelangt,
auf der anderen Hälfte des Globus, die von
Sonne noch verlassen war,
beschloss die Schattenschar trotzig,
sich nochmal neu gekrönt zu sehen, als
auf unserer Hemisphäre die goldbrassig
schöne Sonnenmähne schon
malte, besonnen mit Licht
verteilt und
allen sichtbaren Dingen ihre Farben
wiedergab, und wieder
ganz den Sinnen
ihre Tätigkeit übergab, die Welt war erhellt
in gewisserem Licht, und ich, die wieder erwachte.

Anmerkungen

1 Mit der *Diosa* kann Diana gemeint sein, aber auch Coyolxauhqui, eine aztekische Göttin des Mondes. Damit wären auch der Mond selbst und seine 3 Phasen aufgerufen.

2 Mit *aquellas* wird auf die 3 Schwestern (*hermanas*) verwiesen, die in Fledermäuse verwandelt wurden.

3 Mit dem Kämmerling Plutos (*Ministro de Pluton)* ist Askalaphos gemeint, der Persephone verrät, weshalb sie in der Unterwelt bei Hades bleiben muss (sie hat in der Unterwelt von Früchten gegessen, was sie nicht hätte tun dürfen). Als Strafe wird Askalaphos von Persephone in einen Uhu verwandelt, dessen Ruf als Unglückszeichen galt. Fledermäuse, Eulen und Uhus gelten auch in der Mayakultur und bei den Azteken als mit der Unterwelt und Unheil verbunden.

4 Dabei handelt es sich um Notenlängen aus der polyphonen Vokalmusik des 13. bis 16. Jh., die in Mensuralnotation verfasst wurde.

5 Das lateinische *sinus cavernosus* bezeichnet eine Höhlung, die sich an der vorderen Schädelbasis befindet.

6 Welche mythologische Figur mit *Almone* gemeint ist, lässt sich nicht abschließend klären. Karl Vossler liest sie als Alcíone (dt. Alkyone), Tochter von Aiolos und Enarete und verheiratet mit Keyx, mit dem zusammen sie nach seinem Tod in Vögel verwandelt wird. 1965 fand Manuel Corripio Rivero eine Übersetzung von Ovid ins Spanische durch Jorge Bustamante aus dem Jahr 1595, die sehr frei war: Er bezeichnete eine anonyme Najade als Almone – »Almone convertida en pez«, heißt es da (»Almone, in einen Fisch verwandelt«). Deshalb vermutet Martha Lilia Tenorio, dass Sor Juana diese Ausgabe von Ovid las. Vgl. Martha Lilia Tenorio Trillo, *Ecos de mi pluma. Antología en prosa y verso*, Mexiko-Stadt: Pinguin Classics 2018, S. 262. Da es hier näherliegt, dass Almone, die sich in Sor Juanas Gedicht im Meer befindet, ein Fisch statt ein Vogel wird, tendiere ich zur Auffassung von Tenorio.

7 Der »König« (*Rey*) verweist auf den Löwen.

8 Der »noble Vogel« (*Ave generosa*) verweist auf den Adler.

9 Martha Lilia Tenorio zufolge handelt es sich dabei um ein Verhalten, das sich bei Kranichen beobachten lässt.

10 Das spanische *sueño* könnte man an dieser Stelle auch mit »Traum« oder »Verlangen« übersetzen.

11 Das spanische *arcaduz* bezeichnet zugleich einen Schöpfeimer aus Keramik und ein Rohrsystem, mit dem Wasser geholt wird, kann aber auch Wasserrad oder Kanal bedeuten.

12 Das Laboratium (*oficina*) verweist auf den Magen.

13 Der »hohe Lästerturm« (*blasfema, altiva torre*) spielt wahrscheinlich auf den Turm von Babel an.

14 Die »Königin des Sublunaren« (*sublunar Reyna Soberana*) kann an dieser Stelle auch als Umschreibung der Seele gelesen werden.

15 Die »3 Innen-Sinne« (*tres rectrices*) verweisen auf den Verstand, den Willen und das Gedächtnis.

16 Die groß geschriebene »Quelle« (*Fuente*) verweißt auf eine Quellnymphe.

17 Mit der »3-gestaltigen Gattin« (*triforme Esposa*) ist Persephone gemeint.

18 Mit der »blonden Göttin« (*rubia Diosa*) ist Persephones Mutter, Demeter, gemeint. Sie sucht nach ihrer Tochter, da Hades sie geraubt und in die Unterwelt gebracht hat.

19 Diese Mixtur verweist auf die Theorie der vier Körpersäfte, auf die Humoralpathologie, die zu Sor Juanas Zeit verbreitet war und die unter anderem von Galen, einem Arzt der römischen Antike stammt: Galle (*cholera*) und Weißer Schleim (*phleuma*), Blut (*sanguis*) und Schwarze Galle (*melancholia*).

20 Mit der »jungen Frau« (*la bella Esposa*) ist Eos, die Morgenröte, gemeint.

Was andere Traum nennen

Nachwort von Nora Zapf

»Ich erinnere mich nicht, etwas zu meinem Vergnügen geschrieben zu haben außer ein Papierchen, das andere *Der Traum* nennen.«[1]

Die mexikanische Philosophin und Autorin Sor Juana Inés de la Cruz spricht hier, in einem Brief an den Bischof von Puebla von 1691, zum ersten Mal über ihr berühmtes Gedicht vom Träumen. In der Erstausgabe ein Jahr später wird das Gedicht dann »*Primero Sueño*« (Erster Traum) heißen. Wieso schreibt sie dem Bischof nicht, wie sie selbst das Gedicht nennt? Wieso ihr Langgedicht über 975 Verse mit *papelillo*, »Papierchen«, »Zettelchen« bezeichnen? Es ist Teil ihrer Argumentationslogik im Brief, in dem sie sich für die Bildung von Frauen ausspricht: Das vermeintliche Abwerten ihrer Beteiligung am Benennen des eigenen Texts (»das andere *Der Traum* nennen…« oder »das *Der Traum* genannt wird«) und des Textes als »Papierchen« ist eine kluge Geste der Bescheidenheit, *captatio benevolentiae*, ist Rhetorik, um das eigene Wort zu erhalten, und ist schließlich gar eine Aufwertung ihrer Rolle als Autorin. Sor Juanas Gedicht vom Traum ist schon zu Lebzeiten so bekannt, dass es viele unter dem Titel »Der Traum« oder »Traum« kennen. Ihr Schreiben ist ihren Zeitgenoss_innen ein Begriff, sie ist eine Ausnahmegestalt im Königreich Neuspa-

---

1 Sor Juana Inés de la Cruz, »Respuesta a Sor Filotea«, in: Marta Lilia Tenorio Trillo, *Ecos de mi pluma. Antología en prosa y verso*, Mexiko-Stadt: Pinguin Classics 2018. Übers. v. Nora Zapf.

nien. In obigem Halbsatz sagt Sor Juana, dass sie kaum je anderes als Auftragswerke schrieb (nichts »zum Vergnügen«), für die Vizekönigin, für den Vizekönig, zu religiösen und politischen Anlässen, und auch dies ein rhetorischer Trick: Ihr Schreiben war für andere, galt anderen, nicht ihr selbst. Auch darin kann man eine Aufwertung des eigenes Schreibens erkennen: als Beruf, als finanzielle Einnahmequelle wie als politische Einflussnahme. Sor Juana wertet sich in diesem genau gewählten Halbsatz vorgeblich ab, um damit eine erhebliche Aufwertung, eine riskante, ihres eigenen Schreibens zu vollziehen.

Ich übersetze den Titel von Sor Juanas Gedicht, wenn er auch umstritten ist, mit *Erster Traum*. Die Rezeptionsgeschichte kennt das Gedicht unter diesem Titel, wie man Dantes *Commedia* unter einem nicht intendierten Namen kennt. Die englische Übersetzerin Margaret Sayers Peden versteht das Wort *sueño* im Titel als Verb und übersetzt ihn mit *First I Dream* (»Erst träume ich«).[2] Octavio Paz weist in seiner Monographie über Sor Juana auf die vielen Bedeutungen von *sueño* im Gedicht hin: Traum, Schlaf, Sehnsucht. Man könnte den Titel also auch mit »Erster Schlaf« übersetzen oder »Erstes Verlangen«.[3] Der ganze Titel der Erstausgabe von 1792 lautet: *Primero Sueño, que así intituló y compuso la madre Juana Inés de la Cruz, imitando a Góngora* (»Erster Traum, so genannt und verfasst von madre Juana Inés de la Cruz, in Nachahmung Góngoras«). Ob sie den Titel wirklich selbst gewählt hat, wie er es verspricht (*...que así intituló*), ob es ein Selbstzitat von Sor Juana ist und sich auf den Brief an den Bischof bezieht, ganz wissen wir es nicht.

---

2 Margaret Sayers Peden, *Poems, Protest, and a Dream: Selected Writings*, New York: Pinguin Classics 1997.

3 Octavio Paz, *Sor Juana oder Die Fallstricke des Glaubens*, Frankfurt a.M.: Suhrkamp 1994 [1982], S. 528.

Das »Papierchen« handelt von den Mechanismen, die in Welt, Körper und Geist einsetzen, wenn es Nacht wird. Die Dunkelheit setzt ein, die Welt wird finster: Der Körper erschlafft und lebt doch weiter, das Blut pocht wie in einem Uhrwerk, wie Zeiger Sekunden, Minuten zählen, im Hirn werden flackernd Bilder wie von einer Laterna Magica erzeugt und auf eine innere Leinwand, die Schädeldecke geworfen, neue Logiken, tanzend. Der Traum gilt als unlogisch, rätselhaft, der Erkenntnis und Wissenschaft abgewandt. Sor Juana erkennt das Gegenteil darin: In Abwesenheit des Lichts haben Körper und Geist die Ruhe und Zeit, sich Philosophie, Theologie, Musik und Metaphysik zu widmen; der Körper wird Maschine, deren Wirkungsweise der Traum ist, deren Arbeit das Schlafen. In welchem Verhältnis stehen Statik und Kinetik im Traum, im Gedicht?

> Es war Nacht und ich schlief ein; ich träumte, dass ich mit einem Mal alle Dinge verstehen wollte, aus denen sich das Universum zusammensetzt. Ich vermochte es nicht, nichtmal eingeteilt in Kategorien, nichtmal ein einziges Individuum; enttäuscht, dämmerte es mir und ich wachte auf.[4]

Im Folgenden möchte ich einige Episoden, Anhaltspunkte und Beobachtungen hervorheben, die mir beim Übersetzen besonders wichtig waren.

Schlafende Frau. Sor Juana beschreibt im Gedicht eine Frau, die 1) einschläft, 2) schläft und 3) wieder aufwacht. Kurz – lang – kurz. Das Geschlecht der Sprechenden wird erst im letzten Vers, ja sogar erst im letzten Buchstaben ent-

---

[4] So beschreibt der erste Biograph Sor Juanas, Padre Calleja, den Inhalt des *Ersten Traums*. Zit. nach Marta Lilia Tenorio Trillo, *Ecos de mi pluma*, S. 32. Übers. v. Nora Zapf.

Sic agitat molem, & magno ſe corpore miſcet.

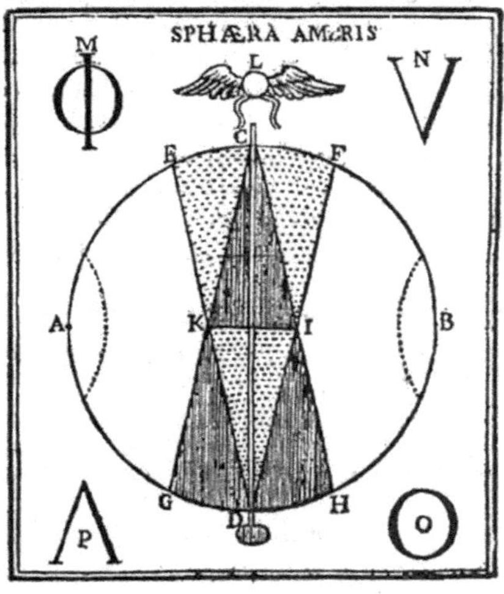

ELO-

hüllt: *y yo despierta.*[5] Es geht um das *erste* Schlafen (der Welt), ein Hereinschlafen, auch, als schliefe ein erster Mensch. Das *primero* wird zu *despierta*, wie um den Mund zu öffnen, der erste Laut des Morgens. Das Schlafen endet also im Auge, das aufgeschlagen wird und neu anfängt zu sehen. Das *a* deutet hin auf Amerika, das auf Spanisch weiblich ist (*la América*, der Kontinent). Spricht hier eine Tote, aufgewacht im Jenseits (*y yo despierta*)? Spricht die Nacht oder die Seele selbst (*y yo despierta*)? Das Gedicht ist eine tickende Vers-Maschine, Uhr, die Körper ist. Darin wird eine Nacht erzählt: Erst will der Erdschatten (Obelisk, Pyramide) die Sphäre des Monds erreichen, doch die Sterne lachen über den kläglichen Versuch. Der Schatten beherrscht nur die Atmosphäre der Erde und die Nachtvö-

[5] Die Überraschung der Leserin, die den letzten Buchstaben liest, hebt auch Ingrid Simson hervor, vgl. Ingrid Simson, »Saber y conocimiento en el Primero sueño de Sor Juana Inés de la Cruz«, in: Barbara Ventarola (Hg.), *Ingenio y feminidad. Nuevos enfoques en la estética de Sor Juana Inés de la Cruz,* Madrid / Frankfurt a.M.: Vervuert 2017, S. 121–144, hier S. 136.

gel singen leiser, das Schweigen nimmt zu. Es wird Nacht. Dann kommt der Sprung in den Mythos, zu Nyctimene in Eulengestalt, zu den drei Schwestern, den Fledermäusen, zum Uhu. Sie sind Figuren der Nacht, die Flügel tragen. Alles wird umhüllt vom Zögertakt der Nacht, von Stammellauten der düsteren unheimlichen Menge. Harpokrates, die Nacht, tritt auf, deutet mit dem Zeigefinger »Psst« auf seinen Lippen, während der Wind sich legt und der Hund schlafen geht, das Meer aufhört, sich zu bewegen, auch die Diebe und Liebenden still sind. Endlich besitzt der Schlaf alles, dann richtet das Gedicht die Aufmerksamkeit auf den einschlafenden Körper, ebenso wie auf den Geist, der im Traum erwacht: Der hochmütige Aufstieg der Seele auf möglichst hohe Spitzen (Pyramiden, Berge, Türme) wird versucht, muss aber scheitern. Ikarus schmelzen die Flügel, Phaeton stürzt mit dem Sonnenwagen, Persephone verschwindet in der Unterwelt. Das sind weitere Mythen, die Sor Juana im Gedicht aufruft. Die Stufen nach oben sind vergeblich, der Absturz droht dem strebendem Subjekt, der Fall steht an (er gleicht einem Zerstieben in moderne Zerstreuung, weil die Vielfalt der Dinge die Seele und den Verstand verwirrten). Zum Morgen hin ringt der Schatten mit dem Licht, der Magen knurrt. Schließlich siegen die Hiebe der Sonne, die auf die Nacht einschlagen, und das Ich erwacht, in barockem *des-engaño*: in der Ent-täuschung, im Nicht-Mehr-Getäuscht-Sein. Die Aufwachende wacht im Wissen um das Scheitern auf. Die Frau blickt zurück: auf den Traum, auf das Gedachte (*y yo despierta*) und nimmt die Aufklärung vorweg. Das Morgenlicht der Vernunft, den Leuchtturm. Aber ihr Zurückblicken bezieht sich auch auf den gewendeten Blick: Die Frau wird nicht mehr angeschaut, sondern schaut selbst. Sie ist nicht mehr Objekt wie im petrarkistischen Liebeskatalog, sondern beobachtendes

Subjekt, verlagert sich in die eigenen Augen, ins eigene Denken und Sehen.[6]

Dämmernde Formen.[7] Wie Zahnräder schieben sich in Sor Juanas Traum die Pyramidenformen des Denkens (*piramidal*, *obelisco*, *punta altiva*, ...) ineinander, verhaken sich und passen neu; auch Kreise (*círculo*, *esfera*, ...) wälzen sich umeinander wie klumpige Planeten. Die geometrischen Formen bilden in ihrem Übereinanderlagern die große Sehmaschine des Gedichts: 1 großer Lichtkegel von oben kommend (Sonne) + 1 große Schattenpyramide von unten (Erde) = bilden 6 neue kleine Pyramiden, wie in der Abbildung von Athanasius Kircher im *Ödipus Aegyptiacus*, den Sor Juana gut kannte.[8] Ihr Interesse an Einem und Vielem wird sichtbar, an den Mechanismen des Apparats, *la aparatosa máquina del mundo*. Sie hat mit dem Schieben des Schattens über das Licht vielleicht eine Mond- oder Sonnenfinsternis im Sinn.[9] Sternbilder tauchen im Gedicht auf. Die Pyramide gebiert eine Pyramide, der Kreis bringt andere Kreise hervor: Es ist poetische, eigentlich surrealistische Reproduktion *avant la lettre*, die zwar organische, aber auch technische Anteile hat. Mond und Sonne spielen gegeneinander, spitze und runde Formen, auch als Anspielungen auf Körper. Die Vulkane Iztaccíhuatl und Popocatépetl in Nepantla, aber auch Mond- und Sonnenpyramide

---

[6] Vgl. zur *mirada* bei Sor Juana: Yolanda Martínez-San Miguel, »Saberes americanos: constitución de una subjetividad intelectual femenina en la poesía lírica de Sor Juana«, in: *Revista de crítica literaria latinoamericana,* Bd. 24, Nr. 49, Lima 1999, S. 79–98, hier: S. 85.

[7] Vgl. S. 88, Abb. 1: Athanasius Kircher, »Sphaera Ameris«, in: *Oedipus Aegyptiacus,* 1952.

[8] Vgl. Paz, *Fallstricke*, S. 746.

[9] Sor Juana könnte etwa die Mondfinsternis am 22. Dezember 1684 oder die Sonnenfinsternis im Juli 1691 gemeint haben, vgl. Américo Larralde Rangel, *El eclipse del sueño de Sor Juana*, San Diego: Fondo de Cultura Económica 1991.

der Azteken werden mit den Formen aufgerufen, die Monumente der Maya ebenso wie die Architektur der Ägypter. Oftmals verwendet Sor Juana die ägyptischen Bauwerke und Hieroglyphen, um implizit über indigene Kulturen Amerikas sprechen zu können. Aber die Pyramide verweist auch auf die äußere, himmelstrebende Form der Klöster wie das von San Jerónimo.

Lichtmesser.[10] Das Gedicht lässt sich in einen binären Code übersetzen, 0 für Schatten, 1 für Licht: immer, wenn Schatten oder Nacht oder Dunkelheit vorkommt, habe ich 0 gesetzt, immer, wenn Beleuchtung, Laterne, Licht vorkam, eine 1. Das Gedicht geht, wie hier zu sehen, von düster zu hell. Impulse: Verdunkelung > < Klarheit. Schattenfallen als

---

[10] Abb. 2: William Henry Jackson, *Aztec calendar stone.* Zwischen 1880 und 1897. Ungenauerweise als Piedra del sol oder Calendario Azteca bezeichnet, beschreibt der Stein eigentlich das Ereignis eines beendeten Kalenderzyklus im Jahr 1479, das auf den Sonnengott Tonatiuh (»Der die Tage macht«) verweist. Zwar wurde dieser Stein erst 1790 wieder ausgegraben, aber die Symbolik der Sonne und des Sonnengotts kannte Sor Juana von anderen aztekischen Beschreibungen. Heute steht der Stein im Museo de Antropología, México D.F.

Nacht, die dreieckige Form vom Anfang des Gedichts dient als eine Art Uhrenzeiger: Der Erste Traum ist auch ein Gedicht über Zeit. Es wird auf Sonnen- und Monduhren angespielt, welche die ältesten Uhren sind: Sie teilen Zeit ein wie die Kalender der Maya und Azteken, auf die ebenfalls hingewiesen wird. Im Gedicht ist von der *reloj humano*, von der menschlichen Uhr die Rede. Die Nacht fällt in den Tag und erhellt ihn. Wie zum Schluss des Textes das Licht erscheint, erinnert an das *Poopol Vuh*, das Buch des Rates der Qu'ichee Maya, wo in 37 von 52 Gesängen auf die Ankunft des Lichtes gewartet wird. Die Null der Maya ist ein liegendes Auge...

> **0** (düster) 1 1 1 **0** (diesen finstren Kampf) 0 **0** (der furchtbar flüchtige Schatten) 0 **0** (dunkles Stirngerunzel) 0 0 **1** (Tempeloberlicht) 1 1 0 0 0 0 0 0 0 1 0 0 0 1 **1** (schillernder Monarch) **0** (im Dickichtdunkel) 1 0 0 1 1 1 1 1 1 1 1 1 1 1 1 1 0 1 1 1 0 1 1 1 1 1 0 0 1 1 1 1 1 0 0 0 0 1 1 1 1 1 1 1 1 1 1 0 0 1 0 1 1 1 1 0 0 1 1 0 0 1 0 1 0 1 0 1 1 1 1 1 1 1 1 1 **1** (brillanten) 0 1 0 1 1 0 1 1 1 1 0 0 0 0 1 1 1 1 1 1 1 1 1 1 1 1 0 1 1 1 0 0 1 1 1 **0** (Zerstörung) 1 1 1 0 **1 0** (lodernd oder nicht) 1 1 1 1 1 1 1 **0** (Schattentheater) 0 1 1 0 **1 1** (Glanz des Tags) 1 1 1 0 1 1 1 0 0 1 1 1 1 1 0 (lief gegen die Nacht) 1 1 1 **1** (der schon Schimmertruppen) 1 1 0 0 0 0 **0** (sie selbst erbleichte) 1 1 1 1 0 **0** (düstren Umhang) **1** (Lichtschnitte) 0 0 0 1 1 1 1 1 1 1 1 1 0 0 1 0 0 0 0 1 1 0 1 0 1 1 1 1 1 1.

Mischungen, Flimmern. Aus Klarheit, die sich in mathematischer Genauigkeit der Bezeichnungen ausdrückt (*convexo*, *concavo*, ...), und absichtlicher Vagheit und Verdunkelung (*opaco*, *opaco*, *opaco*) werden Traummechanismen des

Gedichts gebildet, das wie ein Sog über uns kommt, mit gongorinischer Satzstellung, die Wörter trennt und vereinzelt, die uns ratlos zurücklässt. Diese Satzstellung ist sehr schwer ins Deutsche übertragbar, weil dann der Inhalt der Sätze nicht mehr anschlussfähig, nicht mehr verständlich wäre. Die Mischungen im Gedicht beziehen sich auf hell und dunkel, wie die Membran der Fledermäuse wächst Licht und Schatten zu einer Flughaut im Gedicht. Wachsein und Schlafen, Logik und Mythos, Leben und Tod, Sprechen und Schweigen, die nicht unvernetzt nebeneinanderstehen. Wir sehen in Sor Juanas Lyrik wechselnde Identitäten, ein Übergreifen der Geschlechter, eine androgyne Ästhetik. Sie schreibt: »[...] ich weiß nur, dass mein Körper / Neutrum ist, ohne eine Neigung / zum einen oder andern Geschlecht, abstrakt / nur ein Sitz der Seele.« Und: »[...] du weißt: Die Seelen kennen / weder Entfernung noch Geschlecht«. Handelt es sich beim *Ersten Traum* auch um einen frühen Versuch, *embodied cognition* poetisch zu beschreiben? Wir sehen ein verkörpertes Wissen, es geht um Mischungen aus Geist und Körper, aus Tier und Mensch (Flügel-Hände), aus Mensch und Maschine, wie im Gedicht deutlich wird.[11] Aber auch um kulturell Hybrides: Der drei Mal im Gedicht genannte Adler ist zugleich Bote von Zeus und Adler der Mexica, der sich auf die Opuntie setzt, die Schlange im Schnabel, und bedeutet: Hier ist Tenochtitlan.

Mensch als Maschine. Dieser große Wahrnehmungsapparat, um die »bittere Frucht einer Seele« herum (wie es im Film *I Robot* heißt). Sor Juana spricht von *de tanta maquinosa pesadumbre*, von so viel maschinellem Kummer, deutet schon den Transhumanismus an, die Rechenmaschine,

[11] Zu den Körperbildern bei Sor Juana siehe Margo Glantz, *Sor Juana Inés de la Cruz, ¿hagiografía o autobiografía?*, México DF: Grijalbo 1995.

den Körper als Automat.[12] Ob Sor Juana Descartes kannte, bleibt umstritten.[13] Der Körper tickt, arbeitet, wird Messgerät des eigenen Am-Leben-Seins.

Herz = Uhr
Lunge = Blasebalg
Magen = Schmiede

Sprache/Schrift. Das Schatten-Licht-System hat auch mit Schrift zu tun. Das verdeutlicht sich, wenn Sor Juana über das *papelillo* als Traum spricht. Das Papier ist der Traum, auf dem Papier breitet sich der Traum aus. Die Pyramide wäre dann als Zunge deutbar, die Sprache erzeugt, aber auch als Spitze der Feder, die aufs Papier aufsetzt. Sor Juana spricht von Hieroglyphen,[14] *jeroglíficos de ciego / error*, also von Logogrammen, Striche, die Gesichter werden. Skioptikon, Projektion, Laterna magica: Eine Art Schreiben im Schlaf oder in Schlaflosigkeit.

Langsames Ankommen in der Gegenwart. Eine Übersetzung der Sprache Sor Juanas in die Gegenwart ist beinahe unmöglich. Der Gleichklang von *ceño/sueño* lässt sich mit »Stirnrunzeln«/»Beäugen«/»Finsterdreinschaun« auf der einen und »Traum« oder »Schlaf« auf der anderen Seite kaum übertragen. Ebenso *sombra* und *asombrar*, »Schatten« und »Erschaudern«/»Staunen«, mit deren klanglicher Verbindung die Dichterin spielt. Im »Erschaudern« steckt zumindest klanglich das Schauen. Das Versmaß der *silva*,

---

12 Vgl. für Sor Juana und die Technik Georgina Sabat de Rivers, »Imágenes técnicas y mecánicas en la poesía de Sor Juana«, in: dies., *En busca de Sor Juana*, México D.F.: Editorial verbum 1998, S. 335–381.

13 Vgl. Lisa Shapiro, »Sor Juana's Let us Pretend I am Happy«, in: Eric Schliesser (Hg.), *Neglected Classics of Philosophy*, Bd. 2, Oxford: University Press 2022, S. 97–117, hier S. 112.

14 Vgl. Paz, *Fallstricke*, S. 242f.

das Sor Juana in Anlehnung an Góngora wählt, abwechselnde 7- und 11-Silbler, sind zu ihrer Zeit eine relativ offene Form (das Wort »silva« meint auch ein Gestrüpp, einen Wald), wenn auch teils durch Reime gebunden. Im Deutschen versuche ich diese meist mit 3- und 5-Hebern umzusetzen, so gut es geht.[15]

Die bisherigen Übersetzungen des *Primero sueño* ins Deutsche halten sich meist an die sogenannte Standardausgabe von Alfonso Méndez Plancarte 1951, mit Ausnahme von Vossler, da ihm diese noch nicht vorlag. Da aber alle Absätze oder Einschübe in den eigentlich ganz im Fluss befindlichen Traum einfügen oder auch Klammern, Punkte oder Gedankenstriche setzen, wo keine sind, und damit die äußere Form und die Syntax des Gedichts erheblich verändern, orientiere ich mich bei meiner Übersetzung an der Erstausgabe von 1692 aus Sevilla (selbst die Fehlschreibungen im Original, z.B. »ambidicion« statt »ambicion«, habe ich einmal so stehen gelassen). Dies hat den Zweck, dass sich die Leserin im Deutschen ein Bild machen kann von der äußeren Gestalt des Gedichts, von Groß- und Kleinschreibung im »Original«, von der alten Form des Spanischen, in der Sor Juana ihr Gedicht verfasste.[16]

Übersetzen ist für mich Entscheiden, das alle anderen Entscheidungen wie einen Schatten mit sich trägt. Andere Ent-

---

[15] Besonders den Übersetzungen von Susanne Lange (*Erster Traum* (Ausschnitt), in: Martin von Koppenfels u. Johanna Schumm (Hg.), *Spanische und hispanoamerikanische Lyrik*, Bd. 2: *Von Luis de Góngora bis Rosalía de Castro. Zweisprachig*, München: C.H. Beck 2022, S. 294–305), Karl Vossler (*Die Welt im Traum. Deutsch - Spanisch,* Karlsruhe: Stahlberg 1946) und Fritz Vogelsang (*Erster Traum: Mit der Antwort an Sor Filotea de la Cruz*, Frankfurt a.M.: Insel 1993) verdanke ich viel.

[16] Ich danke an dieser Stelle Linda und Jannis Harjus von der LFU Innsbruck für die guten Ratschläge zum Thema.

scheidungen bleiben möglich: Das Sprechen der anderen ist wie oben erwähnt immer Teil von Sor Juanas eigenem Nachdenken gewesen.

Mein Dank gilt Daniel Bayerstorfer für den ständigen Austausch über den Text und die wertvollen Ratschläge zur Übersetzung, Claudia Jünke für die große Unterstützung, Lisa Jeschke für die klugen Kommentare zum Nachwort und Johannes Kleinbeck und Oliver Precht für den schönen Lektoratsprozess.

Kochen ohne Rezept

Sor Juana Ines de la Cruz, *Erster Traum*

Anmerkung der Herausgeber der *Neuen Subjektile*

Gerade »für das Offensichtlichste« ist man »mit kosmischer Blindheit« geschlagen. Das dachte sich jedenfalls Piero Morini, als er sich in Roberto Bolaños *2666* nach einem Spaziergang erschöpft auf einer Parkbank niederließ, um sich bei der Lektüre eines Buches »etwas zu erholen«. Ein »Unbekannter« setzte sich neben ihn und »wollte wissen, ob Morini in London lebe und welches Buch er da lese. Morini sagte, er lebe nicht in London, und der Titel seines Buches laute: *Il libro di cucina di Juana Inés de la Cruz* von Angelo Morino, und geschrieben sei es natürlich auf Italienisch, obwohl es von einer mexikanischen Nonne handle. Vom Leben und einigen Kochrezepten der Nonne. »›Diese mexikanische Nonne kocht also gern?‹, fragte der Unbekannte. ›In gewissem Sinne ja, sie hat aber auch Gedichte geschrieben‹, sagte Morini. ›Nonnen sind mir suspekt‹, sagte der Unbekannte. ›Diese Nonne aber war eine große Dichterin‹, sagte Morini. ›Leute, die nach Rezept kochen, sind mir suspekt‹, sagte der Unbekannte, als hätte er ihn nicht gehört.«

Auch wenn einem der patriarchale Tonfall dieser Szene gewiss »suspekt« erscheint, trifft dieses Gespräch doch etwas von Sor Juanas Leben und Schreiben. Das ›Kochen nach Rezept‹ lässt zunächst an bestimmte, scheinbar zwanghafte Praktiken denken, von denen Sor Juana in ihrer berühmten *Antwort an Schwester Philothea* berichtet: Als Kind habe sie »aufgehört, Käse zu essen, weil mir zu Ohren gekommen war, er mache dumm«. Angelo Morino – im Gegensatz zu vielen anderen Autorenfiguren in Bolaños

Büchern existiert er wirklich – war nicht nur Herausgeber der Kochrezepte, er veröffentlichte auch eine italienische Ausgabe der *Antwort*. In dem ausführlichen Essay, den er dieser Ausgabe beigab, interpretiert Morino den Verweis auf die Käse-Verweigerung als Ausdruck von Sor Juanas unstillbarem Begehren nach einem Wissen, »das den Zugang zur Welt des Geistes eröffnet und zugleich zur Flucht vor den Fesseln des Körpers dient«. Vielleicht ist es gerade dieser heroische Platonismus, der Sor Juana in den Augen des fiktiven Morini zu einer »großen Dichterin« macht. Allerdings vermischt sich dieser sicherlich unbestreitbare und gleichzeitig »suspekte« Zug, dieser Drang zu Trennung, Ordnung und Vorschrift in Sor Juanas Leben und Denken mit einer heiteren Lust an der Vermischung, an der Unordnung und am Unkalkulierbaren.

Mit ihrem *Ersten Traum* verweist sie immer wieder auf das »Offensichtlichste«: Die Welt brodelt, sie kocht und verwandelt »jede fremde Speise« – Natur und Kultur, Körper und Geist – »in ureigene Substanz«, in eine »Mixtur aus Feuchtem und aus Feurigem«. Dass es ein Rezept dieser Mixtur geben könnte, erscheint aus dieser Perspektive als Hybris, als pyramidale Wahnvorstellung einer sich im körperlosen Überflug wähnenden Seele. Nur in der Nacht, im Schlaf, im Traum kann sich die Seele zu solchen Irrflügen aufschwingen. Nur im Schreiben einer Nacht, in der Fiktion einer beinahe vollkommenen Trennung von Körper und Seele kann allerdings auch die fundamentale, mit dem Morgengrauen offen zutage tretende Mixtur spürbar werden. Wie der Unbekannte in *2666* wollen die *Neuen Subjektile* deshalb einschlafen, wenn Morini »mit schauspielerischer Betonung die Namen einiger der Sor Juana Inés de la Cruz zugeschriebenen Gerichte vorzutragen beginnt« – und anschließend von Sor Juanas

Gedichten in der fulminanten Übersetzung von Nora Zapf träumen:

Sgonfiotti al formaggio
Sgonfiotti alla ricotta
Sgonfiotti di vento
Crespelle
Dolce di tuorli di uovo
Vova regali
Dolce alla panna
Dolce alle noci
Dolce di testoline di moro
Dolce alle barbabietole
Dolce di burro e zucchero
Dolce alla crema
Dolce di mamey
…

NEUE SUBJEKTILE

Herausgegeben von
Marcus Coelen, Johannes Kleinbeck und Oliver Precht
im Verlag Turia + Kant
www.turia.at/neue_subjektile

Sor Juana Inés de la Cruz: *Erster Traum.*

Aus dem mexikanischen Spanisch und mit einem Nachwort von Nora Zapf. Vorwort von Johannes Kleinbeck und Oliver Precht. Spanisch / Deutsch.

ISBN 978-3-98514-062-6, ca. 120 S., € 18,–

Jacques Derrida: *Das Kalkül der Sprachen*

Aus dem Französischen von Kianush Ruf

ISBN 978-3-98514-087-9, 127 S., € 18,–

Die Freiheit der Psychoanalyse. Eine kommentierte Ausgabe von Sigmund Freuds Die Frage der Laienanalyse

Herausgegeben von Marcus Coelen, Monique David-Ménard und Mai Wegener

ISBN 978-3-98514-063-3, 333 S., € 39,–

Barbara Cassin: *Die Unübersetzbaren. Drei Essays*

Herausgegeben von Judith Kasper

Übersetzt und supplementiert von Ingo Ebener, Spencer Hawkins, Judith Kasper, Larissa Krampert, Theresa Mayer, Christoph Roeber, Jonathan Schmidt-Dominé, Jana Wilhelm

ISBN 978-3-98514-078-7, 156 S., € 22,–

Maurice Blanchot: *Das unendliche Gespräch*

Übertragungen aus dem Französischen, herausgegeben von Marcus Coelen, Christian Driesen und Jonathan Schmidt-Dominé

ISBN 978-3-98514-071-8, 660 S., € 42,–

Maurice Blanchot: *Feuers Anteil*

Aus dem Französischen von Marcus Coelen, Christian Driesen und Jonathan Schmidt-Dominé

ISBN 978-3-98514-055-8, 419 S., € 39,–

Jacques Derrida: *Geschlecht III. Geschlecht, Rasse, Nation, Menschheit*

Aus dem Französischen von Johannes Kleinbeck und Oliver Precht

ISBN 978-3-85132-980-3, 185 S., € 24,–

Judith Butler: *Sinn und Sinnlichkeit des Subjekts*
Aus dem amerikanischen Englisch von Johannes Kleinbeck, Oliver Precht, Kianush Ruf und Hannah Schurian
ISBN 978-3-98514-012-1, 270 S., € 29,–

Andreas Embirikos: *Hochofen. Gedichte*
Aus dem modernen Griechisch von Ioanna Kostopoulou
ISBN 978-3-98514-049-7, 93 S., € 14,–

Rudolf Leonhard: *Man träumt, was man ist. Entwürfe für das Traumbuch des Exils*
Hg. und mit einem Essay von Andrea Allerkamp
ISBN 978-3-98514-032-9, 120 S., € 18,–

Dante Alighieri: *1 Sonett – 30 Übersetzungen*
Herausgegeben von Judith Kasper, Andrea Renker und Fabien Vitali
ISBN 978-3-98514-005-3, 156 S., € 22,–

Lisa Robertson: *XEkloge*
Aus dem kanadischen Englisch von Ioanna Kostopoulou und Marcus Coelen
ISBN 978-3-98514-028-2, 99 S., € 14,–

Lisa Robertson: *Nullend*
Essays in Prosa über Lärm, Pornographie, den Kodex, Melancholie, Lukrez, Falten, Städte und andere damit verbundene Aporien
Aus dem kanadischen Englisch von Tara O'Sullivan und Marcus Coelen
ISBN 978-3-98514-018-3, 129 S., € 16,–

Pessoa denken
Eine Einführung. Mit Texten von und zu Fernando Pessoa
Hrsg. von Marcus Coelen, Oliver Precht, Hanna Sohns
ISBN 978-3-85132-909-4, 244 S., € 29,–

Marshall McLuhan / Eric McLuhan: *Die verlorenen Tetraden. Gesetze der Innovation*
Aus dem Englischen von D. M. Yücel
ISBN 978-3-85132-988-9, 279 S., € 32,–

Anne Carson: *Der bittersüße Eros*
Aus dem nordamerikanischen Englisch von Christina Dongowski
ISBN 978-3-85132-965-0, 187 S., € 24,–

Louis Althusser: *Was tun?*
Aus dem Französischen von Oliver Precht
ISBN 978-3-85132-957-5, 177 S., € 22,–

Slavoj Žižek: *Der Exzess der Leere*
Aus dem Englischen von Christiane Heidrich und Mathias Kropfitsch
ISBN 978-3-85132-963-6, 431 S., € 39,–

Alenka Zupančič: *Was ist Sex? Psychoanalyse und Ontologie*
Aus dem Englischen von Christoph Soekler und Michaela Wünsch
ISBN 978-3-85132-962-9, 290 S., € 29,–

Sylvain Lazarus: *Anthropologie des Namens*
Aus dem Französischen von Moritz Herrmann und Clément Dréano
ISBN 978-3-85132-939-1, 282 S., € 36,–

Emmanuel Levinas: *Husserls Theorie der Anschauung*
Aus dem Französischen von Philippe P. Haensler und Sebastien Fanzun
ISBN 978-3-85132-947-6, 240 S., € 29,–

Philippe Lacoue-Labarthe / Jean-Luc Nancy: *Vom Buchstaben*
Zu Lacans Aufhebung der Philosophie
Aus dem Französischen von Ulrike Bondzio-Müller und Esther von der Osten
ISBN 978-3-85132-902-5, 230 S., € 26,–

Joel Rufino dos Santos: *Zumbi*
Eine Gesellschaftsutopie im Brasilien des 17. Jahrhunderts
Aus dem brasilianischen Portugiesisch von Lilly Busch
ISBN 978-3-85132-921-6, 164 S., € 20,–

Suely Rolnik: *Zombie Anthropophagie*
Zur neoliberalen Subjektivität
Aus dem brasilianischen Portugiesisch von Oliver Precht
ISBN 978-3-85132-923-0, 110 S., € 12,–

Mario Santiago Papasquiaro: *Ratschläge von 1 Marx-Schüler an 1 Heidegger-Fanatiker*
Aus dem mexikanischen Spanisch von Nora Zapf
ISBN 978-3-85132-898-1, 52 S., € 12,–

Jacques Derrida: *Was tun – mit der Frage »Was tun«?*
Aus dem Französischen von Oliver Precht und Johannes Kleinbeck
ISBN 978-3-85132-894-3, 134 S., € 16,–

Iris Hanika / Edith Seifert: *Die Wette auf das Unbewusste*
oder Was Sie schon immer über Psychoanalyse wissen wollten
ISBN 978-3-85132-897-4, 203 S., € 24,–

Michael G. Levine: *Atomzertrümmerung*
Zu einem Gedicht von Paul Celan
ISBN 978-3-85132-895-0, 93 S., € 14,–

Didier Eribon: *Grundlagen eines kritischen Denkens*
Aus dem Französischen von Oliver Precht
ISBN 978-3-85132-896-7, 240 S., € 26,–

Jean-Luc Nancy: *Von einer Gemeinschaft, die sich nicht verwirklicht*
Aus dem Französischen von Esther von der Osten
ISBN 978-3-85132-878-3, 191 S., € 24,–

Oswald de Andrade: *Die Krise der messianischen Philosophie*
Aus dem brasilianischen Portugiesisch von Oliver Precht und Marcus Coelen
ISBN 978-3-85132-835-6, 159 S., € 20,–

Geneviève Morel: *Das Gesetz der Mutter*
Versuch über das sexuelle Sinthom
Aus dem Französischen von Anna-Lisa Dieter
ISBN 978-3-85132-820-2, 428 S., € 39,–

Eduardo Viveiros de Castro: *Die Unbeständigkeit der wilden Seele*
Aus dem brasilianischen Portugiesisch von Oliver Precht
ISBN 978-3-85132-836-3, 459 S., € 42,–

Jamieson Webster: *Leben und Tod der Psychoanalyse*
Vom unbewussten Wunsch und seiner Sublimierung
Aus dem Amerikanischen von Ulrike Bondzio-Müller
ISBN 978-3-85132-848-6, 208 S., € 26,–

Michèle Cohen-Halimi und Francis Cohen: *Der Fall Trawny*
Zu Heideggers Schwarzen Heften
Aus dem Französischen übersetzt und mit einem Nachwort versehen von Oliver Precht
ISBN 978-3-85132-850-9, 90 S., € 14,–

Jean-Luc Nancy: *Trunkenheit*
Aus dem Französischen von Esther von der Osten
ISBN 978-3-85132-847-9, 69 S., € 10,–

Christopher Fynsk: *Der Anspruch der Sprache*
Ein Plädoyer für die Humanities
Aus dem Amerikanischen von Katharina Martl und Johannes Kleinbeck
ISBN 978-3-85132-845-5,183 S., € 22,–

Oswald de Andrade: *Manifeste*
»Anthropophages Manifest« »Manifest der Pau-Brasil-Dichtung«
Portugiesisch–Deutsch
Aus dem brasilianischen Portugiesisch von Oliver Precht
ISBN 978-3-85132-819-6, 185 S., € 22,–

Fernando Pessoa: *Der Seemann*
Ein statisches Drama
Portugiesisch–Deutsch
Aus dem Portugiesischen von Oliver Precht und Nora Zapf,
mit einem Nachwort von Marcus Coelen
ISBN 978-3-85132-816-5, 112 S., € 16,–

Philippe Lacoue-Labarthe / Jean-Luc Nancy: *Das Literarisch-Absolute*
Texte und Theorie der Jenaer Frühromantik
Aus dem Französischen von Johannes Kleinbeck
ISBN 978-3-85132-810-3, 525 S., € 43,–

François Regnault: *Lacan'sche Ästhetik*
Vier Vorlesungen
Aus dem Französischen von Christoph Sökler
ISBN 978-3-85132-772-4, 155 S., € 20,–

Paul Virilio: *Die Küste, letzte Grenze*
Ein Gespräch mit Jean-Louis Violeau
Aus dem Französischen von Marcus Coelen
ISBN 978-3-85132-771-7, 51 S., € 8,–

Eric L. Santner: *Was vom König übrigblieb*
Die zwei Körper des Volkes und die Endspiele der Souveränität
Aus dem Amerikanischen von Luisa Banki
ISBN 978-3-85132-761-8, 349 S., € 38,–

Philippe Lacoue-Labarthe: *Der wahre Schein*
Aus dem Französischen von Marcus Coelen
ISBN 978-3-85132-757-1, 105 S., € 14,–

Hermann Cohen: *Das Prinzip der Infinitesimal-Methode und seine Geschichte*
Ein Kapitel zur Grundlegung der Erkenntniskritik
Editorische Bearbeitung durch Johannes Kleinbeck
ISBN 978-3-85132-730-4, 292 S., € 36,–

Jean-Claude Milner: *Die nicht zu unterscheidenden Namen*
Aus dem Französischen von Marcus Coelen
ISBN 978-3-85132-729-8, 162 S., € 18,–

Jean-Claude Milner: *Das helle Werk*
Lacan, die Wissenschaft, die Philosophie
Aus dem Französischen von Regina Karl und Anouk Luhn
ISBN 978-3-85132-728-1, 223 S., € 22,–